懂点心理学，育儿很简单

陈艳 / 著

清华大学出版社
北京

内 容 简 介

本书运用儿童心理学、脑科学等专业知识，深入浅出地讲解了0～6岁儿童的发展特点和养育重点，介绍了8种常见儿童行为问题的引导和解决方法，分享了如何与孩子联结、共情，怎样建立规则，怎样运用10种育儿技巧让孩子合作，还介绍了帮助孩子全面发展的游戏和早教方法。

全书一共8章，涵盖常见的养育误区、0～6岁儿童发展规律、常见行为问题、共情、联结、规则、游戏、早教等内容，既有科学理论与知识，又有简单、实用、有效的方法和技巧，适合0～6岁儿童的父母、照顾者、早教老师阅读。

本书封面贴有清华大学出版社防伪标签，无标签者不得销售。
版权所有，侵权必究。举报：010-62782989，beiqinquan@tup.tsinghua.edu.cn。

图书在版编目（CIP）数据

懂点心理学，育儿很简单 / 陈艳著 . -- 北京：清华大学出版社，2021.9
ISBN 978-7-302-58812-2

Ⅰ . ①懂… Ⅱ . ①陈… Ⅲ . ①婴幼儿心理学 Ⅳ . ① B844.11

中国版本图书馆 CIP 数据核字 (2021) 第 157762 号

责任编辑： 张立红
装帧设计： 二郎 & 小贝
责任校对： 赵伟玉
责任印制： 沈　露

出版发行： 清华大学出版社
网　　址： http://www.tup.com.cn，http://www.wqbook.com
地　　址： 北京清华大学学研大厦 A 座　　**邮　编：** 100084
社 总 机： 010-62770175　　**邮　购：** 010-62786544
投稿与读者服务： 010-62776969，c-service@tup.tsinghua.edu.cn
质 量 反 馈： 010-62772015，zhiliang@tup.tsinghua.edu.cn

印 装 者： 三河市吉祥印务有限公司
经　　销： 全国新华书店
开　　本： 148mm×210mm　　**印　张：** 8.125　　**字　数：** 178 千字
版　　次： 2021 年 9 月第 1 版　　**印　次：** 2021 年 9 月第 1 次印刷
定　　价： 48.00 元

产品编号： 091413-01

目 录

第一篇 了解孩子，其实没那么难

第1章 为什么育儿这么难?   002
    1.1 时代变了，孩子也在变   003
    1.2 焦虑感让我们身心俱疲   006
    1.3 你的努力，可能是在给孩子帮倒忙   008
    1.4 育儿的捷径是学习   010

第2章 0~6岁孩子的发展特点   014
    2.1 0~1.5岁，孩子是天使   015
    2.2 1.5~3岁，孩子开始有了小脾气   018
    2.3 3~6岁，孩子最容易被错怪   022

第二篇 用对方法，孩子自然会听话

第3章 孩子的这些成长问题，最容易被误解   028
    3.1 吃手   029

3.2	扔东西	038
3.3	黏人	041
3.4	小气	047
3.5	发脾气	052
3.6	打人	063
3.7	说脏话	070
3.8	说谎	075

第 4 章　联结和共情，是孩子"听话"的基础　084

4.1	孩子听不听你的话，取决于他爱不爱你	084
4.2	建立联结，其实没有那么难	086
4.3	共情的神奇魔法	093
4.4	会共情的孩子情商高	100
4.5	别把共情变成溺爱	108

第 5 章　规则和自由，两者可以并存吗?　111

5.1	对规则和自由的误解	112
5.2	规则能促进孩子大脑的发育	114
5.3	为什么你定的规则，孩子总是不当回事?	115
5.4	别把规则当成惩罚	122

第6章 不吼不叫，也能让孩子听话 126

  6.1 巧用沉锚效应，让孩子自由选择 127

  6.2 聪明的替代法，让孩子心甘情愿听你的 131

  6.3 想让孩子听话，先吸引他的注意力 133

  6.4 用好情绪的力量，孩子超配合 137

  6.5 给孩子讲道理，从提升认知力开始 140

  6.6 和孩子玩游戏，轻松激发他的潜力 144

  6.7 忽视法，最轻松的育儿方法 148

  6.8 做好过渡，治好孩子的磨蹭 152

  6.9 用视觉化的方法提升孩子的执行力 156

  6.10 让孩子帮忙，激发他的内在力量 159

第三篇 聪明的孩子这样培养

第7章 想让孩子变聪明，就要像学习一样去玩耍 164

  7.1 会玩的孩子更聪明，这是有科学依据的 165

  7.2 孩子用游戏来发展自己 167

  7.3 陪孩子玩的四大原则 170

7.4　这样陪 0～1 岁的宝宝玩　　　　　　174

7.5　1～3 岁孩子最需要玩的五类游戏　　180

7.6　适合 3～6 岁孩子玩的益智游戏　　　186

第 8 章　早教到底是在教什么？　　　192

8.1　脑科学专家告诉你，为什么早教很重要　　193

8.2　做好这三点，胜过昂贵的早教班　　195

8.3　体验丰富的孩子，头脑更灵活　　　200

8.4　聪明的孩子从不缺少运动　　　　　202

8.5　心灵手巧，这句老话很有道理　　　205

8.6　提升孩子专注力的小游戏　　　　　209

8.7　超强记忆力，训练起来很简单　　　215

8.8　提升孩子的语言能力，你做对了吗？　219

8.9　科学启蒙，为孩子播下好学的种子　227

8.10　有创造力的孩子才有竞争力　　　232

8.11　社交智力，经常被家长忽视的能力　239

8.12　用科学的方法培养孩子的自控力　246

第一篇

了解孩子，其实没那么难

第1章 为什么育儿这么难？

生儿容易养儿难，做父母的都知道养孩子是一件多么困难、多么有挑战性的事。自从孩子呱呱坠地，一个又一个从未遇到过的难题接踵而至。例如：怎么给宝宝喂奶，哭了要怎么哄，生病了该怎么护理，怎么教宝宝说话、走路……

如果说照顾1岁前的宝宝只是累一点、操心一点，主要担心宝宝的健康和发育问题，那么，从1岁半到2岁开始，养育孩子的难度就彻底升级了。我们不仅要一如既往地让孩子吃好、睡好、身体好，还要直面孩子的脾气、反抗、不听话。我们不仅要担心他的各种行为问题，怕他不分享、不礼貌、不勇敢、不合群，还要操心他的教育问题，为四年后的小学学习打好基础。

假如只要我们努力付出，就能拥有一个理想的孩子，那也就简单了。然而现实是，很多时候我们尽力了，却得不到孩子的理解和家人的支持，这对妈妈来说是一件很残酷的事。原来，育儿这件事不是只要付出就会有收获的。为什么育儿这么难呢？

这一章，我会带你重新审视育儿中可能存在的问题，告诉你为什么养孩子这么难，为什么我们总是很焦虑，为什么付出的努力无法换来孩子的成长和感激。当你厘清这些问题，调整好心态重新出发时，育儿就会变得容易且有成就感。

1.1 时代变了，孩子也在变

我经常听到身边的妈妈感叹："为什么现在的孩子这么难管，一点都不像我们小时候。"如果你也有这种感觉，那么，我要负责任地告诉你：你的感觉是对的。现在的孩子确实比以前难管，这其中既有孩子的原因，也有家长自身的原因。

1.1.1 现在的孩子更聪明

我在中科院学习的时候，第一次接触了"弗林效应"这个词。简单来说，就是弗林教授发现，人们智商测验的分数一直保持着上升的趋势，平均每 10 年提高 3 分。也就是说，我们会变得越来越聪明。这么算下来，我们的孩子比我们小 20 多岁，相差了两个 10 年，自然要比我们当年更聪明。

科学家推断，造成这一现象的原因可能是随着社会经济的发展，现在的孩子拥有更好的营养以及医疗和教育条件，吃得好，发育得好，又从小接触大量的刺激（玩具、书、电视、旅行，以及妈妈更多的关注和照顾），比我们聪明也是很正常的。

好在我们已经是成年人了，可以通过各种途径获取科学的育儿知识，和孩子斗智斗勇。假如我们什么都不学，光靠老一辈的那套方法打骂或者哄骗孩子，那还真是拿孩子没办法呢。

1.1.2 现在的环境更民主

我们小时候,"棍棒教育"是很普遍的。孩子不听话,学习成绩差,父母的做法通常就是打一顿。

还记得我上小学的时候,班里好多同学都因为考得不好而被父母用衣架、扫帚打。有一位同学知道我从来没被爸妈打过后,露出了既震惊又羡慕的表情,因为在她的观念里,"挨打"是常态,"不挨打"才稀奇呢。

然而现在,随着育儿观念的更新和法律的健全,不光很多家长反对"棍棒教育",孩子也越来越懂得捍卫自己的权利了。或许孩子两三岁时,你还能靠打骂威慑住孩子,但等他长到八九岁时,这一招就失效了,孩子会反过来质问你"凭什么打我?",会关上房门和你冷战,甚至会有样学样,和你大打出手。

正如儿童心理学家鲁道夫·德雷克斯所言:"在社会发展缓慢以及人类社会处于停滞状态的时代,每代人之间变化甚微,因此,父母的任务相对简单,他们只是将自己从父母身上学到的东西传递给子女。"

可是,现在时代已经发生了巨变,我们无法完全照搬父母的做法去养育孩子。假如我们不学习,不寻求改变,迎接我们的就只有失望和受挫了。

好在学习育儿方法并没有大家想象得那么难,只不过,很多家长不知道从哪里获取科学、系统的知识,或者学了也没有坚持用起来,所以才没能改变自己和孩子的现状。

我在后续章节里会把自己在中科院学到的理论知识,以及这几年积累和测试过的育儿技巧毫无保留地分享给你。只要你能把它们真正地运用到生活中，就一定能体会到育儿的快乐和成就感。

1.1.3 现在的父母期望值更高

一个闺蜜问过我一个问题："我们小时候根本不用父母管，就会很自觉地学习，为什么现在的孩子不管不行呢？"

我回答："可能正是因为我们的父母不怎么管，给了我们足够的自由和信任，我们才能变成现在这样吧。现在的家长管得太多，期望值太高，反而限制了孩子的发展。"

回想我的求学经历，最感谢的人就是我的妈妈。她从来不会盯着我写作业，不会因为我考砸而骂我。我曾经问她："妈妈，你怎么不像别的家长那样管我，对我都没什么要求呢？"

妈妈笑着回答："学习是你的事，你自己学好就行了。而且你已经那么自觉，那么优秀了，我干吗还要管你呢？"

现在回想起来，正是妈妈对我的"无欲无求"，我才能在放松、安心的状态下全力以赴地学习，也因为妈妈的包容、信任和放手，我才有机会自律、努力，不辜负她的信任。

反观现在的很多父母，他们把孩子当作实现自己愿望的工具，没办法接受自己的孩子比别的孩子差。孩子性格内向点，发育比别人慢点，专注力差点，胆子小点，父母通通不能接受。在这样的高要求、高压力下，孩子既没有努力的动力，也没办法发挥自己的潜能，只能让父母失望。

你可能认为："我要求得高一点，让孩子拿100分，他总能拿到

80 分吧。如果我只要求 80 分，他可能连 60 分都拿不到。"然而就像心理学家德雷克斯说的那样，家长要求太高、太多，只会导致孩子习惯于忽视你的全部要求。

每一次达不到你的要求，对孩子来说，都是一次失败的经历，都是对他信心的打击。打击的次数多了，就会变成一种无助感，让孩子直接放弃努力。倒不如把心态放平，相信孩子，允许他健康自由地生长，他反而能回报给你更多的惊喜。

1.2　焦虑感让我们身心俱疲

有了孩子后，我们最熟悉的一个词就是"焦虑"。

孩子小的时候，我们担心他生病，怕他生长发育迟缓，走路、说话比别人晚。孩子稍微大一点，我们怕他打人、发脾气、任性、叛逆，怕他不爱分享，怕他性格内向，以后交不到朋友。再往后，孩子上了幼儿园，进入小学，我们又担心他不爱学习，专注力差，做事拖拉，沉迷于游戏……

为什么我们总有那么多担心、害怕的事？怎样才能缓解这种焦虑呢？

从心理学的角度来说，焦虑主要源于未知和不可控这两大因素。育儿路上的很多问题我们都是成为父母后头一次遇到，既不清楚它是否正常、为什么会发生（未知），也不知道该如何解决（不可控），所以就会产生深深的焦虑感。这其实不是孩子的问题，而是我们自己要解决的情绪问题。

既然焦虑源于未知和不可控，只要把未知变成已知，把不可控变成可控，焦虑的问题就能迎刃而解，而这两点都可以通过学习来解决。

就拿我自己的经历来说，怀小样的时候，我也常常感到焦虑，因为隔着肚子，我看不到小样的样子，也不知道他发育得好不好，所以每次产检的时候我总会有隐隐的担忧。

小样出生后，在医院的那几天，我每天有月嫂和护士的照顾，倒是没太多焦虑的感觉。直到出院回家后，我要自己喂奶，自己哄小样睡觉。当他不好好喝奶，或者我不知道他为何一直哭的时候，焦虑感就会向我袭来。

幸好我是个爱学习的人。学生时代，每场考试前我都会认真复习，不放过任何一个知识点。现在当了妈妈，我也习惯性地用学习的思维去应对育儿难题，遇到什么问题就去看书、查资料，直到弄懂为止。

就这样，我很快适应了妈妈这个新角色，能够比较沉稳地处理在照顾小样的日子里遇到的各种问题。我还提前"预习"了后面几个月可能出现的问题，比如，要不要打疫苗，怎么陪宝宝玩，如何帮他练习大动作，宝宝爱吃手怎么办，如何添加辅食。当我对孩子的成长规律和可能出现的问题有了预期（可知），知道如何解决这些问题（可控）时，我就不再焦虑了。

每个人都会有焦虑的感觉，关键是如何积极地应对和解决。父母千万不要把焦虑化为对孩子的控制。诸如：打着"为你好"的名义不准他跑跑跳跳，因为会摔着；不准他玩沙子，因为太脏；强迫他上培训班，因为怕他学习跟不上；强迫他报不喜欢的专业，因为这比他自己选的专业更有前途。

当父母因为焦虑而控制，因为控制而无视孩子的感受、想法和决定时，即使付出再多，说再多句"我是为了你好"，也不会换来孩子的理解和感激。

用学习的方式化解自己的焦虑，给孩子一个平和、安定的环境，他会成长得更出色。

1.3 你的努力，可能是在给孩子帮倒忙

让我们疲惫不堪的另一个原因是我们做了太多的无用功，不仅累坏了自己，还给孩子的成长帮了倒忙。

就拿宝宝吃手这件事来说，在大人看来是不讲卫生，可对孩子来说却是在探索和学习。只要仔细观察就会发现，对宝宝来说，吃手的难度是逐渐递减的。

刚出生时，宝宝根本没办法把手放进嘴里。之后的两个月，他能越来越准确地吃到拳头和手指。再之后，他会从吃手过渡到吃玩具。最后，当手的能力进一步提升，宝宝就会减少吃手、吃玩具的频率，转而用手探索世界。

吃手这件事本来不需要家长过多地干预，在保证安全、卫生的前提下让宝宝尽情地吃手，等他吃够了，以后就不会再吃了。可是很多家长却为此忙个不停，一遍遍地把小手从宝宝嘴里拉出来，批评宝宝不讲卫生，甚至打手心，给宝宝戴手套，在小手上涂苦瓜汁、黄连水等。家长的这些努力不仅没有任何价值，还打断了宝宝学习的正常进程，甚至会给他留下心理阴影，让他很难戒掉吃手的习惯。

类似的例子还有很多。比如大人坚持给孩子喂饭，孩子吃多少、吃什么都要管。这样喂饭，大人自己饿着肚子不说，还会导致孩子不爱吃饭，丧失感知饥饱的能力。

很多家长喜欢帮孩子穿衣服、穿鞋子，事事代劳，从不让孩子做家务，结果导致孩子自理能力差，非常不独立，难以适应学校的生活。

还有很多老人不准孩子爬凳子、拿杯子、用小剪刀，事事保护，反而造成孩子缺乏安全意识，遇到危险时不会保护自己。

这些以爱为名的帮助和控制不仅让家长很累，还剥夺了孩子发展自信和能力的机会，就像一把锤头不停地敲打在孩子身上，一遍遍地告诉他"你不行"。真正的爱不应该捆住孩子的手脚，而应该给他信心和力量，让他有机会证明"我能行"。

除了生活上的代劳，学习上的"过度帮助"也很可怕。网上一度疯传各种家长陪孩子写作业的段子。虽然很能理解家长那种恨铁不成钢的心情，但是别忘了他们只是孩子，在学习中犯错本来就很正常，怎么可以用大人的智商和满分的标准去要求他们呢？

虽然家长辅导孩子写作业很辛苦、很煎熬，但站在孩子的角度，看着父母表情严肃、充满不耐烦地陪自己写作业，一做错就要挨骂，这难道不煎熬、不可怕吗？

其实，孩子写作业本来就不需要家长陪。越陪，矛盾越多，压力越大，孩子也越学不好。给他一个安静、独立的空间，把学习的责任交还给他，让他为了自己而学。不打扰，不批评，只在孩子需要时给他支持，这样他才能轻装上阵，专心、自觉地学习。

有句话说得很好："我们是自己最糟糕的敌人。"虽然养育孩子不是件容易的事，但它原本可以更轻松、更自然一些。我们对自己、对孩子的要求太高，才让父母这个身份变得那么艰难。

在为孩子付出前，先问一问自己："我必须这么做吗？不这么做，会有什么后果？我是为了让自己安心，还是真的为孩子着想？"当你冷静思考后认为确实有这个必要，再心甘情愿地付出。不要累了自己，还耽误了孩子。

1.4 育儿的捷径是学习

我们使用电器前都会先看一看产品说明书，找工作前花了多年时间学习专业知识，唯独在育儿这件事上，我们没有学习，没有思考，就想搞定世界上最复杂、最有智慧的物种——人类的儿童，怎么可能不碰壁呢？

很多家长在没办法管教孩子时会有深深的挫败感，觉得自己很没用。为什么别的家长能把孩子教育好，自己却不行？其实大可不必这样妄自菲薄。不是你的能力、智慧不如别人，而是你还没好好阅读孩子的"养育指南"，你只是需要补充一些专业知识而已。

有人会反驳："我学习了呀！我看了很多育儿文章，还读了不少育儿书，为什么还是不知道怎么养育孩子呢？"这其实和你的学习方法有关。方法错了，自然是事倍功半，达不到你想要的效果。

我也有过这样的经历。刚生完小样的时候，我主要的学习方式是读公众号的文章，虽然能获取不少知识，但信息非常碎片化，一次只能弄懂一个问题。尤其是读到不同观点的文章时，我就不知道该信谁的了。

在我休完产假，即将回归职场的时候，我做了一个重要的决定，辞掉银行的工作，去做一个育儿编辑。那段时间，我学习的方式发生了改变，每天花很多时间读权威机构发布的文章、资料、图书等。因为这些信息的来源可信度高，我逐渐知道哪些育儿方法是科学、正确的，哪些只是个人观点，要持怀疑态度。

经过大约两年的积累和沉淀，我学到了很多靠谱的育儿知识，但这些知识仍然是零散的、浮在表面的，只有方法，缺少深层的理论支持。于是我又去中科院读了儿童心理学的博士课程，也读了很多教授推荐的专业书，这才架构起完整的知识体系。这就像是买了一个柜子，柜子里有很多抽屉，我可以把之前学到的零散的知识分门别类地装进不同的抽屉里，这样不仅厘清了知识间的关系，还便于拿取和使用。

由此，我归纳出了学习育儿知识的三个重点。

1.4.1 来源要权威

我们在阅读育儿文章前，一定要先确认信息的来源是否权威。

比如，选书的时候可以通过"作者简介"这部分了解一下作者的背景，或者上网查一下这个作者，看看他在专业领域是否权威。作者是一本书的灵魂，如果他本身水平有限，或者观点偏颇，我们就没必要花时间去读他写的书。

就拿我自己来说，我会选择权威机构或者行业大牛写的书来读，比如美国儿科学会的《育儿百科》、中国营养学会的《中国居民膳食指南》，以及国外翻译过来的心理学教材。这些书内容权威，看了就能直接用，可以省去我们求证的时间，减少犯错的机会。

1.4.2　知识要系统

曾经有一位朋友说，以后她养孩子一定不会照书养，因为她觉得每个孩子都是不同的，书里的方法未必适合她的孩子。

我当时的回答是：的确，每个孩子的个性、气质、家庭环境都不同，适合这个孩子的方法未必能用到另一个孩子身上。但是儿童的发展存在一些普遍的规律，这是属于"共性"的东西。读一些儿童心理学、发展心理学方面的权威书有利于我们了解孩子，用科学的方法养育他，这是没什么坏处的。这也是我们在学习育儿知识时要特别注意的地方，尤其是在初学阶段，我们还没有形成自己的育儿理念前，不建议读太多碎片化、经验化的内容，不然很容易被不同的观点误导。

系统地学习儿童心理学或发展心理学的知识，或者阅读这个领域比较有影响力、有专业背景的作者写的书，你会更快地建立起自己的知识网络，更有收获。

1.4.3　学完要应用

和读小说不同，我们读育儿书不是为了消遣，而是为了解决育儿难题，让孩子成长得更好。所以，读育儿书不在多，而在精。哪怕只读过一本，只要能真的运用起来，那就是好的。

因此，我们在读书、学习的时候一定要有应用的意识。对于一些实操性比较强、直接提供育儿技巧的书，比如《育儿百科》《孩子：

挑战》等，我们可以在看书的时候把其中的方法简单地记录下来，贴在墙上，然后在一段时间里刻意练习。这样就能熟能生巧，通过练习改变自己对待孩子的方式，进而改变孩子。

假如书的实操性没那么强，我们就要结合孩子的具体情况，思考怎么把其中的理论、方法应用起来。虽然一开始我们会不太习惯，有些生涩和笨拙，但是只要养成"看了就要用"的习惯，我们就会越来越熟练，你和孩子的变化也会越来越明显。

我在后面的章节里会给出很多实用、可操作性强的方法，大家一定要坚持用起来。

第2章 0~6岁孩子的发展特点

你知道不同年龄的孩子有各自不同的成长任务吗？

你在养育孩子的过程中有清晰的目标或者培养重点吗？

你会在孩子1岁前专注工作，想着等他大了再多陪陪他吗？

你会因为孩子小，什么事都没你做得好，就喂他吃饭、帮他穿衣服，从来不让他做家务吗？

如果你前两个问题的答案都是否定的，后两个问题的答案都是肯定的，那就一定要看看下面这个真实案例。

有一个小男孩乐乐，马上就要3岁了。可是他不会自己吃饭，不喜欢下地走路，甚至不太会说话。乐乐的身体非常健康，没有先天性疾病，之所以语言能力、自理能力、运动能力、社交能力严重滞后，在很大程度上与爷爷奶奶的溺爱有关。尤其是乐乐的爷爷，因为太爱这个小孙子了，所以一直用照顾小婴儿的方式照顾乐乐：整天把他抱在怀里，陪他玩各种游戏，吃饭全靠喂，交流全靠猜，不让他做任何事，满足他的一切要求。虽然爷爷对乐乐好得没话说，但他不知道孩子在这个阶段的发展任务是培养自主性，学会自己说话、吃饭、走路、解决问题，体验对身体和外界的控制能力，而不是像一个无助的婴儿那样事事都要依赖别人。由于没有遵循儿童的发展规律，爷爷爱得越深，对乐乐的阻碍也越大。

我们都希望孩子可以健康成长，均衡发展，有信心和能力实现自我价值，拥有幸福、成功的人生。既然如此，我们就要用正确的方法支持、帮助孩子，而不是一厢情愿地付出。

这一章，我会给大家介绍0~6岁孩子各个成长阶段的发展特点和重点，帮助大家更好地了解孩子。

2.1 0~1.5岁，孩子是天使

想让孩子充分发挥他的潜能，为今后的发展奠定基础，我们就要帮助孩子在各个年龄阶段完成相对应的发展任务，踏踏实实地走好每一步。

在这里，我想给大家分享著名心理学家爱利克·埃里克森的"人格发展八阶段理论"，帮助大家在孩子的每个成长阶段树立起清晰的养育目标。

埃里克森是心理学界一位很厉害的人物，他把人的一生分为了八个阶段，分别是0~1.5岁、1.5~3岁、3~6岁、6岁至青春期、青春期、成年早期、成年中期和成年晚期。他认为人在上述每个阶段都有一个主要的心理社会任务。如果这个任务能够得到妥善处理，就能顺利过渡到下一阶段，并发展出一种特定的美德，实现人格的健全。否则，消极的品质就会出现，后续的发展也会受到影响。

这一节，我们先来看看0~1.5岁孩子的成长任务和育儿重点。

2.1.1　成长任务：建立信任感

这一阶段，孩子的主要任务是发展出对世界的信任感。他需要在"信任和不信任"这对矛盾体中寻找平衡，并且信任要占主导地位。

因为信任，孩子能够和父母建立起安全的依恋关系。他相信自己是重要的、值得被爱的，一旦有需要，父母就会马上出现帮助自己。也因为信任，孩子能够安心地探索周围的世界，把精力放在研究和学习上。他们通常有较高的自尊水平，具有冒险精神，愿意和人打交道，较少生气，不会对周围的人充满戒备和恐惧。

不过，孩子也需要有一点点的不信任感，这样他才不会轻易相信陌生人，能够懂得保护自己。

2.1.2　育儿重点：给孩子无条件的爱

如何在这个阶段帮孩子发展出对世界的信任呢？心理学家认为，父母或主要照顾者要对孩子的需求敏感，积极地回应孩子，并给孩子一致性的照料。

（1）及时回应宝宝的需求

宝宝用哭来表达需求。当宝宝哭的时候，如果爸爸妈妈能够迅速出现，给他安慰，并满足他的需求，例如，他饿了就给他喂奶，他困了就哄他睡觉，他无聊的时候就逗他玩，那么，他就会知道自己是安全的、重要的，他可以相信这个世界，因为只要有需要，爸爸妈妈就会第一时间帮助他。

这样，宝宝不仅能获得信任感和安全感，还能建立一种积极的人际关系模型，这对他日后的人际交往、情绪调控以及自我安慰都是非常重要的。

相反，如果宝宝哭的时候，你对他置之不理，他体内的压力激素就会迅速增加，大脑高度警惕，对周围产生不信任感，从而影响他的大脑发育和适应环境、调节情绪的能力。

（2）对宝宝微笑，给他拥抱和爱抚

经常对宝宝微笑，和他目光接触，给他拥抱和爱抚，这些充满爱的行为能够刺激宝宝的大脑，有助于神经系统更好地发育。

此外，拥抱和爱抚还能刺激催产素的分泌，让宝宝产生平静、舒服的感觉，为自我安慰能力的发展打下基础。

（3）根据宝宝的情绪，改变你的陪伴方式

陪宝宝玩耍是帮助他学习和发展的好方法，但在陪宝宝玩的时候一定要注意观察宝宝的情绪变化。

当宝宝看着你、表现得很开心时，你可以继续陪他说话、唱歌、玩耍。但如果宝宝把目光移开，甚至表现出烦躁的情绪，那就说明他已经接受了足够多的刺激，需要安静下来。这时候你要做的是降低陪伴的强度，让宝宝休息，而不是继续逗他玩。

这种根据宝宝的状态及时调整的做法能让他明白，他可以通过不同的情绪向爸爸妈妈表达需求，爸爸妈妈也会回应他。这有助于宝宝情绪的表达和调整能力的培养，从而帮助他建立自信和主动性。

（4）不要随便更换照顾者

宝宝4个月时就会和妈妈（或其他照顾者）建立起稳定的依恋关系，这是他安全感和探索能力的基础。所以，在这一时期不应频繁更换照顾宝宝的人,否则会影响宝宝依恋关系和安全感的建立,不利于宝宝心理的健康发展。

很多妈妈在这段时间会重返职场,把宝宝交给老人或保姆照顾。建议提前让宝宝接触将要照顾他的人,给他们多一点时间相处。在宝宝和照顾者建立起依恋关系后,妈妈再离开宝宝,回到职场工作。

(5)营造一个安全的探索环境

0~1.5岁是宝宝大动作迅速发展的时期。从只能躺在床上被大人照顾,到能够独立地爬行、坐起、站立、行走,宝宝的动作能力不断增强,探索的空间范围也越来越大。

在这个过程中,我们一定要给宝宝营造一个安全的环境。把危险的东西都收起来,包括药品、电池、尖锐的剪刀、容易吞下的异物等。在桌子边缘贴上防撞条,把插座的洞都封起来。也可以用围栏给宝宝围出一块安全的活动区域,让他在里面尽情地探索和玩耍。

千万不要事先不做防护工作,宝宝探索的时候又不断地打断他、阻止他,甚至吓唬他。这样不仅不利于宝宝情绪和智力的发展,还容易让他形成胆小、依赖、害怕挑战的性格。

2.2 1.5~3岁,孩子开始有了小脾气

在很多家长眼里,这个阶段的孩子是最磨人的。他们任性、叛逆、爱发脾气、破坏力惊人,非常难管教。所以,人们形象地把2岁前后的孩子形容为"可怕的2岁",把这个阶段称为孩子的第一个叛逆期。

尽管养育这个年龄段的孩子对爸爸妈妈来说很有挑战性,但只要

爸爸妈妈增加对孩子的了解，改变错误的育儿方法，用正确的方法引导孩子，就能让孩子较平稳地度过这一时期，还能像心理学家劳拉·马卡姆博士说的那样，"帮助孩子培养健康的情绪，他就会拥有扎实的基础，一生拥有非凡的情商"。

下面我们来看一看这个阶段的成长任务和育儿重点。

2.2.1 成长任务：培养自主性

这一阶段，孩子的主要任务是发展自主性，也就是学会自己做主、自我控制。

爸爸妈妈会发现，这个年龄段的孩子越来越有主见，也越来越难管。他们不再像婴儿时期那样温顺，而是有了自己的想法，喜欢倔强地说"不"，和大人对着干。

从心理学的角度来看，这并不是孩子任性，而是伴随着自我意识的出现，孩子对事情有了自己的想法和判断。为了把"我"和他人区分开来，体验自己对外界的控制力，不再依赖大人，而是独立地实践自己的想法，孩子会近乎顽固地坚持自己的意见，不愿意被他人左右。而当孩子的想法屡屡碰壁，不断被大人干涉、限制时，由于语言能力和情绪控制能力都还没有发育成熟，受挫的孩子只能用发脾气这种本能的方式来发泄情绪。

我们都希望孩子长大后有主见，有自我管理和控制的能力，不要人云亦云，不要总是依附别人。这些优秀的品质不是凭空而来的，而是需要家长在这一阶段有意识地保护和培养。

除了发展自主性，我们还要给孩子建立规则，设定行为的边界，让他适度地体验害羞和怀疑，明白哪些事是不能做的。

2.2.2 育儿重点：不要过度控制孩子

在很多家长眼里，即使孩子长到3岁，也还是处处需要大人照顾、什么都做不好的小不点，从某种程度上来说，和婴儿期没什么区别。当孩子要求自己吃饭、自己穿衣服，甚至想帮大人倒水、做家务时，家长想都不想就拒绝了。这种低估孩子能力、事事包办的做法非常不利于自主性的培养。

如果你希望孩子今后有主见，独立性强，自信，不随便妥协，就要在这一阶段做好下面三件事。

（1）允许孩子做力所能及的事

著名的教育家蒙台梭利说过："永远别去帮一个孩子做他自己觉得能搞定的事情。"当孩子认为他可以不依赖你而独立完成一件事时，你的帮助只会增加他的挫败感，让他对自己的能力产生怀疑。

在这一阶段，孩子原本拥有很多发展自主性的机会。他学会了走路，不用你抱就能移动到任何地方；他学会了说话，可以表达自己的意图和想法；他学会了上厕所，可以自主地控制大小便；他学会了使用双手，能够自己吃饭、倒水、玩玩具，甚至还能帮你擦桌子、扫地、拿东西。

孩子第一次体会到独立做事带来的成就感及自己对外在世界的控制力，这种感觉很好，让他可以不知疲倦地一直忙碌，投入他想做的事情中去。这种忙碌对孩子来说非常有价值。

千万不要因为孩子没你做得好就嫌他笨手笨脚，把事情抢过来做，也不要怕他累着而替他做好一切。孩子不是为了舒服才来到这个世界的,通过做事发展自己的能力,获得自信和对外界的掌控感,靠自己的努力实现目标,才是孩子生命的意义。

即使有些事超出了孩子的能力范围,也不要轻易对他说"你不行",可以尝试分解任务,降低难度,把其中他能够胜任的部分交给他来完成,这才是对孩子最大的支持。

(2)给孩子做主的机会

养育孩子是一件很富有智慧的事。虽然我们清楚,孩子的智力还不足以支撑他在很多事上做出正确的判断,但是我们仍然可以给他创造做主的机会,让他在我们划定的范围内做决定。

比如,每天必须刷牙,这条规则是我们定下的,但用哪支牙膏刷牙,用哪个杯子漱口,这些小事就可以交给孩子来做决定,不仅满足了他自主性的需求,让他感受到我们的尊重和爱,还能减少和孩子的直接冲突,让他情绪更平稳,更容易在其他事情上听从我们的建议。

(3)给孩子设定行为的边界

孩子需要发展自主性,体验自己做主的感觉,但也同样需要父母给他建立规则,设定行为的边界,否则孩子就不知道什么事能做、什么事不能做,这对他的健康、安全、社交、成长都是很危险的。

儿童心理学研究发现,孩子在1~2岁时就能够服从规则。他们不仅能意识到抚养者的愿望与期待(知道你希望他做什么、不要他做什么),还能在一定程度上控制自己的行为,遵从简单的要求和命令。

换句话说,通过制定和执行简单的规则,孩子不仅能有更好的行为表现,减少冲突和发脾气的次数,还能够提升自控能力,这对他的大脑发育、情商培养及自主性的发展都是很有益处的。反之，让孩子过度自由，没有任何行为上的约束，反而会让他容易碰壁，失去对周围环境的控制力，也容易发生危险。

2.3　3～6岁，孩子最容易被错怪

这一阶段恰好是孩子上幼儿园的年纪。在大人眼中，这时的孩子已经是个小大人了，他能清楚地表达自己，自理能力越来越强，最爱把"为什么"挂在嘴边，能和小朋友一起玩耍，还能离开你一整天，开开心心地去上幼儿园。很多家长还会抓住这段时间教孩子识字、背古诗、学数学，给孩子报各种兴趣班，想为即将到来的小学阶段打好基础。

很多时候，我们真的以为孩子已经长大了，不过是比成年人小一点，知道的东西少一点，所以当孩子只考虑自己、不顾别人的感受，或者你教了很多遍，他还是把1+0算成2时，你会对他很失望。你不知道的是，孩子其实还没有长大，是你高估了他的能力，错把他当成了大人。

之所以说3～6岁是孩子最容易被错怪的年纪，是因为这一阶段孩子的思维具有"自我中心"的特点。"自我中心"不是自私，而是指孩子受认知能力的局限，只能站在自己的角度看问题，无法换位思考去理解别人的想法。

举个最简单的例子，你让孩子挑一样礼物送给你，他很可能挑他喜欢的玩具，而不是你喜欢的衣服，因为他是站在自己的角度，按自己的喜好来选择的，这就是"自我中心"的表现。

正因如此，我们常常会误会孩子自私，不懂得体谅大人的辛苦。其实他不是不爱你，只是能力有限，没办法站在你的角度替你考虑。只要我们合理引导，随着孩子慢慢长大，他就会变得体贴、懂事起来。

还有一件我们容易错怪孩子的事，就是教他学习时嫌他笨。比如做加法题时，掰手指还会算错，写字母、拼音时经常左右混淆，把 b 写成 d，把 p 当成 q。但你知道吗，出现这些情况并不是孩子笨，而是我们教的方法不对。

这一阶段，孩子的思维仍然主要依靠具体形象，需要通过感知、体验、操作、游戏的方式来学习，抽象思维能力还很弱，不具有逻辑推导能力。但我们在教孩子时却总是用"说"这种抽象的方式，孩子理解不了，学习效果当然就差了。

其实想要为下一阶段打好基础，我们有很多事情可以做，包括培养孩子对学习的兴趣，发展他的想象力、创造力、思考能力、语言能力等，这些都比灌输知识更重要。

下面，我们就来看看这一阶段的成长任务和育儿重点有哪些。关于如何给孩子做早教的内容，可以阅读本书的最后一章。

2.3.1　成长任务：发展主动性

心理学家埃里克森认为，这一阶段，孩子要解决的主要任务是平衡好"主动对内疚"这对矛盾。

随着孩子年龄的增长和能力的提高，他们想做的事情越来越多，也日益擅长自主地计划和完成任务。比如，以前玩过家家，孩子是想到什么玩什么，现在却能提前安排好剧本和角色，既当导演又当演员，非常有目的性。

我们要在这一阶段珍惜和保护孩子的主动性，因为它不仅是一种宝贵的品质，更是一种强有力的动力，能够驱动孩子不断前进。

一个愿意主动帮大人分担家务的孩子是有责任感的；一个能主动做计划、自主安排时间的孩子不会虚度光阴，不会沉迷于游戏；一个总是主动学习的孩子有很强的求知欲，更能体验到学习的乐趣；一个能主动解决问题的孩子不怕挑战，善于思考，不会逃避和放弃。

当孩子拥有主动的品质后，他就能抓住成长的主动权，为自己的生活和学习负责，不再需要你的督促和强迫。没有什么比拥有一个事事主动的孩子更省心的了。

不过，当孩子做了一些不被允许的事情时，比如，捉弄小朋友、乱扔垃圾、说谎等，我们也要及时指出他的错误，让他体验到内疚的感觉，帮助他更好地遵守规则，约束自己。

2.3.2 育儿重点：不要替孩子安排一切

想要培养孩子做事的主动性，我们就要学会后退一步，不要替孩子安排一切、决定一切。要让孩子成为他自己的主人，而不是只会听我们的话、没有自己想法的"乖宝宝"。

（1）培养孩子的好奇心和求知欲，让孩子主动学习

学习永远是家长最关心的事，但我们却常常本末倒置，一味地给孩子灌输知识，却从来没有点燃过他对学习的兴趣和对知识的渴望。想让孩子好好学习其实很简单，抓住这个阶段培养他对学习的兴趣和

主动性就行了。

比如，很多家长都很注重孩子的绘本阅读，可为什么有些孩子就是不爱读绘本呢？原因很简单，因为绘本是妈妈选的，怎么读、读多久是妈妈定的，孩子没有选择权，只能默默地听着，当然就对阅读不感兴趣了。

假如我们能让孩子发挥主动权，带他去书店挑选他喜欢的绘本；在客厅放置一个小书架，让孩子自己取书、放书；读的时候让他帮忙翻书，他想听哪一页，就读哪一页；经常停下来和孩子讨论，回答他提出的问题，让他说说自己的想法。这样一来，孩子就会喜欢读书。

（2）尊重和鼓励孩子的想法，不随意批评

不管是玩玩具、画画，还是学习，好像孩子做一切事情我们都喜欢用自己的标准衡量一番，然后批评那些不符合标准的地方。然而，孩子从事这些活动最宝贵的地方，就是他独一无二的想法。

就拿画画来说，家长最喜欢用"画得好不好、像不像"来评判孩子的作品，但其实绘画和语言一样，重要的不是笔触、辞藻是否优美，而是表达和创造的过程。

孩子画画不是简单的涂鸦，而是一种高级的思维活动，是创造性的表达。同样是画一只小狗，经历和感受不同，孩子就会用不同的绘画元素去表达他们头脑里那个独一无二的小狗形象。也许画得不像，也许少了尾巴，却是孩子忠于内心的创作和表达。

如果我们只注重结果，孩子画得不像就批评，或者拿一本画册让他照着画，时间长了，孩子就只会模仿，大人没教过的他就不会画了。

这样一来，孩子不仅会失去对绘画的兴趣和主动性，还会阻碍思考和表达能力的发展。

所以，面对孩子时，我们一定要改掉随意批评的习惯，尊重他的独创性想法，让他能够体会过程中的乐趣，保留对事物的喜爱。

（3）给孩子积极的反馈，用肯定代替挑剔

心理学中有一个强化理论，说的是当一个行为得到正面反馈时，行为发生的频率会增加，而当一个行为得到负面反馈时，行为发生的频率会减少。

把这个理论应用到主动性的培养上，就是当孩子主动做事时，我们要给他积极的反馈，这样才能强化他的好行为，让他今后更主动地做事。反之，如果孩子主动做事时我们给了他负面的反馈，就会减少孩子主动做事的动力，从而让这种行为出现得越来越少。

回想一下，生活中我们给了孩子哪种反馈呢？当他主动帮我们做家务时，我们嫌他帮倒忙；当他主动学习时，我们批评他不够认真；当他想要自己解决问题时，我们给他泼冷水，抢着帮他解决。这些行为都在打击孩子的主动性，让他失去做事的动力。

我们要学着当一个捧场的家长，把关注点放在好的方面。孩子主动帮忙时对他说一声"谢谢"，孩子主动学习时称赞他好学，孩子独立解决问题时肯定他的坚持。

即使他有这样或那样的问题，做得不够完美，又如何呢？只要保护好孩子的主动性，只要他愿意一直努力下去，总会慢慢取得进步，变得越来越出色。

第二篇

2 用对方法，孩子自然会听话

第 3 章 孩子的这些成长问题，最容易被误解

在孩子出生前，我们生活在成年人的世界里，大家都有成熟、理智的思维，沟通起来相对容易。但有了孩子后，你会发现他的世界如此不同，总让你难以捉摸，无法理解。

婴儿为什么喜欢吃手？

开始加辅食后，宝宝为什么喜欢扔东西？

讲了无数遍道理，可孩子为什么还是不肯分享玩具，一不高兴就打人？

为什么面对这些"问题行为"，连打手心、打屁股都无法让孩子学乖？

当你用成人的思维去思考这些问题时，确实很难找到答案。但如果你能退一步，注意到绝大多数孩子都有这些"问题行为"时，你就能理解什么叫"存在即合理"。

大部分孩子都有的问题，通常就不是什么严重的问题，而是成长中会出现的正常现象。

这一章，我给大家总结了最常见的八大"成长类行为"，包括吃手、

扔东西、黏人、小气、发脾气、打人、说脏话、说谎。

我们一起用儿童心理学的知识来解开孩子的这些行为密码,看看他们为什么会出现这些行为,有哪些比打骂更有效、更健康的引导方法。

3.1 吃手

很多家长会把宝宝吃手与"脏、不卫生"等同起来。其实,宝宝还在妈妈肚子里时就已经有吮吸手指的行为了,这是胎宝宝安抚自己、让自己感受愉悦的一种方式。这一节,我们来看看宝宝为什么喜欢吃手,不同年龄该如何引导。

3.1.1 吃手能促进宝宝的发展,不要粗暴干涉

如果你仔细观察,会发现刚出生的宝宝并不会吃手,只会紧紧地握着小拳头。满月的时候,宝宝控制手部肌肉的能力增强,也只能把手送到嘴边。直到三四个月大,宝宝才能非常熟练地把拳头或大拇指塞进嘴里。

这说明吃手是一项技术活,需要协调好大脑、手、眼、嘴唇的动作才能够完成。宝宝反复尝试、不断努力的过程,恰恰促进了大脑和肢体的良好发育,这是一件很有价值的事。所以,著名的儿童教育专家胡萍老师才会把"吮吸手指"称为孩子的"第一份工作"。

这份工作除了能促进大脑与手的协调发展外,还有下面这三大好处。

(1)促进感觉的发展

每个妈妈都希望宝宝聪明伶俐,记忆力好,思维能力强,上学后能有个好成绩。但你可能不知道,所有高级的认知功能,包括知觉、记忆、思维、想象等,都是以感觉为基础的。

当宝宝把手放进嘴里探索时，他的嘴唇、舌头、皮肤都感受到了丰富的刺激。这些感觉会在大脑里整合在一起，帮助宝宝认识自己、适应环境，为更复杂的学习活动打下基础。

假如我们粗暴地制止宝宝吃手，就会破坏他感觉的发展，造成"口欲期"发展滞后。很多孩子长大后喜欢吃手指、咬指甲、啃笔头、吃书等，怎么都改不掉，可能与婴儿时期没能很好地度过"口欲期"，没被允许吃手有关。

（2）学习调节自己的情绪

宝宝喜欢吃手，一个重要原因是吃手能带给他们愉悦的感受。尤其是在紧张、不安时，吃手能帮助宝宝放松、平静下来。所以越是焦虑、紧张的时候，比如看到陌生人、要和妈妈分开、睡觉前、无聊的时候，他们吃手的行为就越频繁。

就像成年人紧张时会用喝水、深呼吸、在心里给自己打气等方式调节情绪一样，宝宝吃手也是健康的情绪调节行为。一味地阻止，反而会给宝宝更大的压力，不利于他们学习自我安抚。

（3）发展独立解决问题的能力

宝宝的身体发展遵循"头尾原则"，也就是说，宝宝是按照从上到下、从头至尾的顺序发育的。在学会爬行、走路、移动身体、控制物体前，宝宝先学会控制双手。这几乎是他们在这个世界上唯一能掌控的东西了。于是，吃手也就成了宝宝独立解决问题的主要途径之一。

当他们感到不安时，会用吃手来安抚自己；无聊时，会用吃手来解闷；想获得愉悦的感觉时，会把手放进嘴里好好吮吸一番；想提升自己小手的技能时，也会把手放进嘴里。这使得宝宝不必事事依靠大人，有了一丝独立的感觉。

盲目阻止宝宝吃手，就剥夺了他们独立解决问题的机会，会让他们很受挫。

3.1.2 科学引导，避免把吃手变成习惯

虽说宝宝吃手有很多好处，但作为家长，我们也不能完全放任不管。在不同的年龄段，用不同的方式加以引导，不仅能避免卫生问题，也能帮助宝宝从吃手过渡到更高级的探索活动中去，避免把吃手变成习惯。

（1）0～1岁：保证卫生

这个年龄段，宝宝吃手的原因一般是满足吮吸的欲望、探索小手，以及安抚自己。

在宝宝7个月前，我们只要保证宝宝的小手和他接触的物品、环境都是干净的，防止病从口入就可以了。

宝宝到了7个月大，能够自己坐立后，我们就要多鼓励宝宝活动小手，去玩一些能够训练精细动作的游戏。比如：让宝宝触摸不同质感的东西，包括家里的毛巾、丝巾、袜子、木勺子、木地板、地毯、瓷砖等；给宝宝摇铃类的玩具（只要摇动就能发出声响）；准备一个大盒子和一些玩具，给宝宝演示怎么把玩具一个个地放进盒子里，再一个个地拿出来或者倒出来；在纸巾盒里放几条丝巾或手帕，让宝宝玩抽拉的游戏。

多玩上面这些游戏，鼓励宝宝活动双手，不仅能促进精细动作能力和专注力的发展，也能把宝宝的注意力从吃手上转移开，减少吃手

的频率。

（2）1~3岁：巧妙转移注意力

很多育儿专家会把3岁作为"是否要干预宝宝吃手"的分水岭。如果宝宝能在3岁前改掉这个行为，爸爸妈妈就不用太担心。不过，这并不意味着我们要等到孩子3岁生日那天才开始做点什么。毕竟吃手的时间越长，越容易变成习惯。

尤其是当吃手能够满足孩子的心理需求时，比如无聊时用来解闷，紧张时用来安抚情绪，拖的时间越长，就越难改变。与其这样，不如在3岁前就做好引导，免除后顾之忧。在此给大家提三点建议。

① 看到孩子吃手不必刻意提醒，更不能打骂

很多家长一看到孩子吃手就会直接批评："你怎么又吃手了呢？说多少遍了，手很脏，吃手会生病的，你怎么就是不听呢？"

当我们用消极的语言责怪孩子时，其实是在提醒他："你有吃手的坏习惯，你改不掉！"这样就容易陷入越提醒就越紧张，越紧张就越难改掉的死循环。

② 巧妙转移孩子的注意力

既然不能直接阻止，那么该怎么办呢？你可以试试不动声色地转移孩子的注意力。例如，和他玩一个需要动手的游戏，像搭积木、拍手游戏、捏橡皮泥等。

如果你正在做家务，没空陪孩子玩，那就让他过来帮你的忙。当然，你给的任务要与孩子的能力相匹配，不能太难。帮完后记得谢谢他，还要夸夸他。"宝贝真能干，已经能帮妈妈洗苹果了呢。"这样的夸

奖不仅能增强孩子的自信心，还能把动手做事和愉快的情绪、自豪的感觉联系起来，达到正面强化的效果，减少孩子吃手的次数。

③ 避免孩子吃手指入睡

孩子醒着的时候，我们可以用转移注意力的方法让他的小手忙起来。可有些孩子习惯吃着手指睡觉，把手拿出来就睡不着，这该怎么办呢？

对此，我的建议是拉着孩子的手，陪他入睡，以此来增加他的安全感，降低焦虑和恐惧。陪孩子睡觉的时候可以先让孩子躺在床上，然后你关上灯，躺在孩子身边，等他安静下来之后你用讲故事、哼歌的方式令他酝酿睡意，同时你拉着他的手，这样他就没办法吃手了。

坚持一段时间，孩子会慢慢摆脱对吃手的依赖，即使不吃手，也能够安然入睡。

（3）3~5岁：找到原因，对症下药

孩子在这个年龄段仍然频繁吃手，甚至过了5岁还改不掉，父母一定要引起足够的重视。长期吃手不仅会影响牙齿的美观和发音的标准，还可能会引起社交和心理问题，导致孩子被同龄人嘲笑，造成自卑的心理。

想要尽快改变孩子吃手的习惯，我们就得先细心观察，找到孩子吃手的原因。我总结了五大常见原因和应对的方法。

① 为了引起关注而吃手

以前，我也和很多家长一样，不理解有的孩子为什么要故意捣乱。明明只能换来父母的责怪和打骂，这又是何苦呢？后来，我读了《孩子：挑战》这本儿童心理学奠基之作，才明白孩子的"苦心"。

作者鲁道夫·德雷克斯在书中提到，孩子做出不良行为通常有四种常见的动机，其中之一是引起关注。

每个孩子都希望爸爸妈妈能注意自己，可有些孩子失望地发现，当他们乖乖听话时，父母只会忙工作，或者忙着照顾弟弟妹妹，对自己不理不睬。只有自己捣乱的时候，父母才会把注意力放到自己身上。尽管注意的方式可能是打一顿、骂几句，但对孩子来说，这比不闻不问强多了。所以，只要捣乱能换来父母的批评和注意，孩子就会继续这种行为模式，故意不听话。

假如孩子吃手是为了吸引父母的关注，那么你会发现，他总是挑你忙的时候故意吃手给你看，等着你去批评他。尽管每次他都保证以后不吃了，但没过多久，他又在你面前吃手，把你气得火冒三丈。如果是这样的话，建议你从现在开始改变策略，孩子吃手时你就假装没看见，不吃手的时候及时地夸奖他。平时也要多给他一些陪伴，多关注他的优点而非缺点，让他知道即使自己不捣蛋，也能得到爸爸妈妈的爱。

② 为了安抚自己而吃手

如果孩子每次都在紧张、害怕的时候频繁吃手，那么他很可能是在用这种方式安抚自己。

孩子在未来的人生中必然还会遇到很多让他紧张、害怕的时刻，所以，我们要做的不是指责他，而是帮他找到另一种健康、有效的安抚方式。

我们不妨先观察一下孩子哪些时刻最紧张，他又最害怕什么东西。当类似的情况又出现时，先接纳他的感受，告诉他这很正常，爸爸妈妈也会有紧张、害怕的时候。

然后摸摸他的后背，引导他做深呼吸，和你一起数数，从 1 数到 20，或者唱一首欢快的儿歌来放松心情。多陪孩子做这样的放松练习，下次紧张、害怕的时候，他就可以学着你的样子来安抚自己，而不是继续吃手了。

另外，对于孩子害怕的事，比如打针、和妈妈分开、一个人睡觉等，并不是说几句"别怕，胆子大一点"等这样的话就能帮孩子克服的。

一方面，我们要和孩子谈论这件事，鼓励他把恐惧的感觉描述出来。这个过程可以帮助孩子把负责情绪的右脑和负责语言、理智的左脑整合起来，更好地战胜恐惧。不要孩子怕什么，我们就回避什么，那样只会让孩子把恐惧深埋心底，更难克服恐惧。

另一方面，我们可以用孩子的方式帮孩子认识恐惧、化解恐惧。比如，玩假装游戏，也就是我们常说的过家家游戏，把打针或去上幼儿园然后回家的过程模拟一遍，表演出来，让孩子有更强的熟悉感和掌控感。

我们也可以选一个安抚物（动物玩偶、小手帕等），陪在孩子身边，帮他增加勇气。

我们还可以发挥想象力，例如孩子怕黑，我们就可以在喷雾瓶里装一些清水，告诉他这是神奇的水，可以驱散黑暗中的怪物。这些方法都比讲道理、批评教育的效果要好。

③ 因为无聊而吃手

生活太无聊、兴趣太狭窄的孩子大多会有两种表现：一种是沉迷于电视、手机,习惯用被动的方式填满自己的时间;另一种就是害怕无聊,不知道一个人的时候自己能做些什么,所以经常会缠着父母陪自己玩。

当这类孩子独处的时候,没有了电视、手机、大人的陪伴,他们会坐立不安,很容易养成吃手、咬指甲、玩头发等小习惯。

为了避免这种情况,一方面,我们要从小培养孩子的兴趣,小的时候多陪他玩游戏、看书。当孩子喜欢上搭积木、玩拼图、画画、捏橡皮泥、看书的时候,就会专心、投入地自己玩。另一方面,我们要从小培养孩子自己玩的能力。当他玩得很专心时,我们先安静地坐在旁边,然后离远一点,在同一个房间做自己的事。再到后来,我们就去隔壁房间待一会儿再回来。当然,过程中要时刻观察孩子,防止意外发生。

经常给孩子制造一个人玩的机会,表扬他的专注和独立,孩子就不会那么依赖你,也不会因为无聊而吃手。

④ 因为习惯而吃手

如果孩子单纯是因为从小就有吃手的习惯,时间太长很难改掉,那么,我们可以寻找一个新的习惯去代替它。比如,一看到孩子吃手,就马上让他去洗手。如果他经常在看电视的时候吃手,那么可以在他每次吃手时关电视5分钟。我们还可以在孩子的手指上贴一张创可贴,画上一个笑脸,以此提醒孩子不要吃手。

另外,行为记录表和贴纸也是帮助孩子改掉吃手习惯的好方法。我们可以找一张大一点的白纸,在上面画上表格,横轴是星期一到星期日，纵轴是孩子每天醒着的时间。每一小时，如果孩子没有吃手，就贴一张贴纸到对应的格子里。如果吃手了，那一格就空着，不做标记。通过记录孩子的行为，我们可以直观地看到孩子的进步，孩子也会受到很大的鼓舞。

我们还可以设置一些奖励，比如：一天不吃手，睡前就多讲一个故事；连续三天没吃手，孩子就可以自由安排晚饭后的时间，要求爸爸妈妈陪他玩指定的游戏。在设置奖励时，要尽量避免使用物质奖励（玩具、糖果），多一些精神奖励（参观博物馆，拥有某项特权，如安排大家吃饭的座位等），否则孩子很快会对奖励厌倦，外部奖励也会替代孩子的内部动机，让他不愿意改变。

⑤ 因为逆反心理而吃手

这种情况在亲子关系相对紧张，父母平时很少陪孩子，或者教育方式过分严厉的家庭里比较常见。当孩子对父母有误解、有埋怨的时候，就容易出现"父母越批评，孩子越要吃手"的情况。

如果是这种情况，我们首先要做的不是阻止孩子吃手，而是尽快解开他的心结，修复彼此的关系。沉住气，先用你的爱和包容化解孩子心里的误会。多陪孩子做他喜欢的事，多和他聊生活中的琐事，多理解他的感受，多倾听他的心声。努力增加与孩子的联结，让他对我们改观，直到重新敞开心扉。只有亲子关系融洽、紧密了，我们再心平气和地和孩子聊吃手的事，他才会放下戒备，愿意听我们的话。

帮孩子改变吃手的习惯时，一定要注意少批评、少说教，让孩子觉得我们是站在他这边的，愿意和他一起想办法，为他的进步鼓掌，而不是只会批评，站着说话不腰疼。

以上是改变不同年龄孩子吃手习惯的几个方法。爸爸妈妈可以根据平时对孩子的观察，找到原因，然后帮助孩子一点点地改变。

3.2 扔东西

宝宝开始吃辅食后，会出现一个让我们很抓狂的举动，那就是扔东西！

好好地吃着饭，宝宝突然抓起勺子"啪"地往地上一扔，把食物弄得满地都是；刚叠好的衣服，还没来得及放进抽屉，宝宝就一把抓起来扔到了地上；新玩具，还没玩几次，又被宝宝扔到地上摔坏了。

最气人的是，你刚把东西捡回来，一脸严肃地告诉宝宝："不许再扔了！"一转身的工夫，东西又被扔到了地上。回头一看，宝宝还在冲着你笑，丝毫没有愧疚的意思。碰上这样的"捣蛋鬼"，我们到底该怎么办呢？这一节，我们就来解决孩子爱扔东西的问题。

3.2.1 扔东西不是坏习惯，而是宝宝聪明的表现

首先要恭喜你，宝宝能那么娴熟地扔东西，说明他的大脑和手、眼协调能力都发育得很不错。虽然在我们看来，扔东西是一个不好的行为，会损坏物品，让家里变脏乱，但对宝宝来说，却是一项有难度的新技能。

他需要控制自己的手指，先把东西牢牢抓住，然后再用力松手，这样才能漂亮地把东西扔出去。在几个月前，宝宝还只会抓东西，不会松手扔东西。但是现在，宝宝为了夯实这项新学会的技能，已经开始孜孜不倦地拿各种东西来练习了，是不是很值得鼓励呢？

除了单纯地协调大脑、眼睛和手指之间的配合，宝宝主动扔东西的过程还涉及认知能力的提升。

儿童心理学家通过实验发现，婴儿在 6 个月大的时候会开始理解因果关系。起初可能是出于偶然，宝宝发现敲打某个物体时会发出特定的声响，之后他便不断重复这个动作，以此来验证自己的发现，并从中体验到自己对外界的影响力。这个过程让宝宝非常着迷，所以从半岁以后，宝宝会做出很多故意的、重复的行为，扔东西就是其中一项。

宝宝会像科学家一样拿各种东西来做实验，也许是黏糊糊的香蕉、吃饭时用的勺子，或者是玩具、奶嘴。

这个东西扔出去会掉到地板上吗？会发出声音吗？妈妈会做出夸张的表情，然后再帮我捡回来吗？

虽然宝宝的头脑里不会有这么清晰的思考过程，但他确实在观察，在做实验，在反复验证自己朦胧的想法。而且他测试的对象不只包括各种物品，还包括人的反应。

这也是为什么当你把东西捡起来，严厉地批评宝宝时，他非但不会愧疚，还会开心地哈哈大笑。你的"配合"让他再一次实验成功了，这让他觉得很有趣，很有成就感。同时，这个年龄的宝宝还听不懂你的批评，也没有发展出"愧疚"这种复杂的情绪，除非你的严厉吓到他了，否则宝宝是不会因为你的批评而改正的。

3.2.2 教宝宝区分什么能扔，什么不能扔

虽说扔东西是宝宝认知发展的表现，是他探索和影响世界的方式，

但也不是什么东西都能拿来扔。我们要在尊重宝宝需求的同时建立规则，把他的行为约束在我们能接受的范围内。

简单来说有两个方法：第一，给他可以扔的；第二，拿走不能扔的。用重复的方法教宝宝学会区分什么可以扔，什么不能扔，就不用再担心宝宝乱扔东西的问题。

先来说说第一个方法，给宝宝准备可以扔的东西。

我们可以选择一些安全的、不易摔坏的物品，最好是重量较轻、质地较软、尺寸稍大一点的东西，既方便宝宝抓握，又不怕他吞进肚子里，像软质的小球会发出声响的橡皮玩具、沙包、塑料小勺、软的盒盖等。

再准备一个大点的容器，家里的盆、筐、玩具箱都可以，给宝宝演示怎么把玩具放进去或扔进去。

也可以给宝宝划定一块区域，在这里铺上软垫，围上围栏，作为宝宝的探索角，告诉他："我们只能在这里扔玩具，在其他地方不能扔。"当宝宝忘了，又在别的地方扔东西时，把他带到探索角，平静地提醒他："在这里可以扔，在其他地方不能扔。"重复的次数多了，宝宝就会记住这条规则。

再来说第二个方法，拿走不能扔的东西。

在这个年龄段，我们要对宝宝的能力有一个合理的预期。他现在还没办法理解我们讲的道理，缺乏安全意识和自控力，因此，我们一定要把很多工作做在前面，比如把危险的、易碎的物品通通收到他拿不到的地方，别等他闯祸了再批评，那样一点意义都没有。

有些东西没办法收起来，比如吃饭时用的勺子，该怎么办呢？给大家两条建议。

第一，批评的时候注意控制情绪，千万不能发火。你越发火，越是在鼓励宝宝继续扔东西。别忘了你的反应也是宝宝实验的对象，他就是想试试，勺子掉在地上，妈妈会不会生气。

第二，用行动让宝宝明白什么不能扔。一边跟宝宝说"不要扔"，一边把勺子捡起来递到他手上，这是典型的言行不一，说一套做一套。当我们的语言和行为互相矛盾时，孩子会根据我们的行为而不是语言来决定自己该怎么做。所以教育孩子时，言行一致是非常重要的。

既然你想让宝宝记住勺子不能扔，那就提前告诉他："不可以扔勺子。你再扔，妈妈就会把它拿走。"

当宝宝再次扔勺子时，不要犹豫，立刻兑现你的承诺，把勺子拿走。几次以后，宝宝就会记住这个行为的后果（这也是在学习因果关系）和你坚定的态度，他就不会再拿勺子做实验了。

如果你的孩子超过 4 岁，还喜欢用扔东西的方式发泄情绪，你同样可以用行动说话，提前告知孩子扔东西的后果，然后坚定地执行它。想了解更多怎么给孩子立规矩的内容，可以读一读第 5 章。

3.3 黏人

0～18 个月是宝宝建立安全感的关键时期，这段时间宝宝的主要成长任务就是建立对世界的信任。有不少家长误以为建立安全感是婴儿期的事，过了这一时期，宝宝有安全感了，就应该变得独立、勇敢，不再黏着妈妈了。这其实是对安全感的一种误解。

事实上，有安全感的孩子同样会出现下面这些表现：

遇到陌生人，或者在陌生环境中时会黏着妈妈；

妈妈外出的时候会哭闹，不让妈妈走；

刚上幼儿园时会出现入园焦虑，每天哭哭啼啼地不想去幼儿园。

这一节，我们就来解决孩子黏人的问题。

3.3.1 孩子黏人是正常现象，不必过分焦虑

为什么有安全感的孩子也会黏着妈妈呢？原来，孩子黏人并不是因为性格软弱、依赖性强，而是到了分离焦虑期。说来也巧，分离焦虑期通常会在18个月时到达顶峰，也就是孩子的成长任务从建立信任过渡到培养自主性的这段时间。

这一时期，孩子的自我意识开始发展，行动能力快速增强，这使得他们有能力去接触和探索更多的新事物。一方面，孩子好奇心强，渴望独立，总想离开父母去探索"新世界"；另一方面，他们又无法离开父母这个"安全基地"，在遇到危险和挫折时仍然需要父母的保护和支持，所以，孩子在精神上仍然是很依赖爸爸妈妈的，尤其是妈妈。也正是因为孩子在婴儿期和妈妈建立起了良好的依恋关系，所以才会在遇到各种不确定因素时如此依赖妈妈，如碰到陌生人，来到陌生环境，或者面临分离。

3.3.2 做好四点，帮孩子顺利度过分离焦虑期

我们再来说说怎么解决孩子黏人的问题。其实帮助孩子度过分离焦虑期这件事本身并不难，难就难在很多家长会因为认识的误区而给孩子帮倒忙，增加孩子的焦虑和不安，更难舍难分。

我总结了和孩子分别时要注意的四点，只要坚持去做，一定能让孩子变得独立，让分离变得容易。

（1）打好"预防针"

在和孩子分开前，尤其是分别时间比较久的，一定要提前告诉孩子：妈妈去哪里、干什么、多长时间回来。

有些妈妈觉得："我就是去厨房做个饭，难道还要和孩子报告吗？"

要，当然要！未知会带来恐惧，人都不喜欢不确定的东西，何况是孩子。他们的认知能力本来就有限，对时间的感受又和我们不同，妈妈平白无故不见，短短的10分钟都感觉像一天那么漫长。换成是孩子不提前告诉我们，放学后就消失不见，很晚才回来，我们也会紧张不安，幻想出各种不好的可能性，自己吓自己。

所以，从第一次和孩子分别就要养成这个习惯，提前告诉他妈妈去哪里、干什么、多久回来。

你可以说："宝贝，妈妈现在要去厨房给你削一个苹果。你和爸爸搭好积木，我就回来啦。"不要觉得孩子听不懂，这对他来说不仅仅是一句解释，更是一种仪式感。只要我们能坚持这么做，每次离开前和孩子说一声，孩子就不会害怕妈妈突然消失，他的内心会安定而有力量。

有些妈妈怕孩子哭，就经常随便编个理由，然后偷偷溜走。这种做法的好处是妈妈看不到孩子哭，自己心里会好受一些。但危害也很明显，就是会消耗孩子对妈妈的信任，增加他对分离的恐惧，破坏他的安全感。

所以，妈妈要勇敢一些，从一开始就诚实面对孩子，不要逃避。直面分离，才能更好地克服分离带来的焦虑。

（2）学会用孩子的语言来解释

在和孩子沟通的时候，我们总是习惯用大人的方式去表达，却忘了孩子的理解能力远不及我们。

比如，很多妈妈会跟孩子说："妈妈要去上班赚钱，不然就没钱给你买玩具、买零食了。"当妈妈这么说的时候，孩子一方面还是不明白妈妈上班是去干什么，另一方面很可能会用"我不要玩具，我要妈妈"来挽留妈妈，反而让分离变得更困难。

不妨换一种说法，说得更简单一些："妈妈要去帮助别人，教他们怎么照顾宝宝。"用孩子能理解的方式告诉他妈妈去工作的意义，具体能帮到哪些人（比如，厨师可以让人吃到美味的食物，老师可以教孩子学到本领，司机可以带乘客去很远的地方），这样孩子会更容易接受。

关于离开多久，我们常常会说"2小时""5点钟下班"，这样的回答孩子是听不懂的。不妨用他的作息时间来解释："你午觉睡醒了／下午吃点心的时候，妈妈就回来了。"这样孩子就能明白了。

如果你离开的时间比较长，不会很快回家，那么最好提前半天到一天，找个安静的时间和孩子解释，不要等到临出门才告诉孩子。当他情绪很激动的时候是听不进话的，也起不到"打预防针"的作用。

（3）离开的时候不要拖泥带水

虽然我们离开时孩子会哭是正常的，但哭多久，就和我们告别的方式有很大关系了。

有些妈妈在和孩子分别时太唠叨，太温柔，先和孩子解释："妈妈要去上班了，你乖乖在家和奶奶玩。"孩子一听马上就哭了。

这时妈妈又抱起孩子，继续解释："我们昨天不是说好了吗，怎么又哭了呢？妈妈下班就会马上回来……"就这样一直解释、一直安慰，拖很久才出门。

其实分别的时候妈妈越温柔，越拖沓，孩子就会越脆弱，离别的痛苦也会增加。

我们一定要记住两点。

第一，孩子哭是正常的，这是他体验"难过"情绪、学习面对分离的一次机会，不要有可怜他或者对不起他的心理。我们只有相信孩子能克服这些困难，孩子才会变得坚强、独立。

第二，不要试图用解释、安慰的方式阻止孩子哭。当孩子陷在情绪中时，这种做法只会火上浇油，让他哭得更凶，倒不如简短地和孩子告别，始终保持微笑，然后迅速出门。

一般来说，我们离开后，老人安慰一下，转移孩子的注意力，孩子就会停止哭泣，慢慢平静下来。

（4）给孩子正面的强化

当你下班回到家，再次见到孩子的时候，你一般会怎么做呢？是完全不提分开的事，还是会关心一下他："妈妈走的时候你哭了吗？

难不难过?"

其实上面这两种做法都不太好。第一种回避的做法并不能帮孩子化解负面的情绪,只会把对分离的恐惧压得更深,更难处理。而第二种重提伤心事的做法会再一次把分离和不好的回忆联系起来,甚至会给孩子一种错误的心理暗示:和妈妈分开一定要觉得难过才行,不然就是不爱妈妈了。

想要让孩子学会勇敢地面对分离,我们就该给孩子正面、积极的强化。

一方面,我们要肯定孩子的勇敢和独立。

"宝贝,我听奶奶说,妈妈走了以后,你很勇敢呢,和奶奶玩得很开心,对不对?真是长大了呢!"

另一方面,不要过于强调难过的事,而是要把分离的这段时间和开心的事联系起来,提前问一下照顾孩子的家人,在你离开的时间里总会有一两件开心的事发生。

"我听奶奶说,你们吃了蛋糕,还去楼下散步,看到小狗了,对吗?看到你这么开心,妈妈也很开心。"

这样的表达会让孩子明白,就算妈妈不在,他也可以开心地度过,不一定非要哭哭啼啼。千万不要说"妈妈好心疼你啊,要是可以不用上班,天天陪你就好了"这类的话,这会给孩子很消极的心理暗示,让他永远都离不开你。

除了上面四点,我们还要注意多让孩子和其他家人相处,外出时接触不同的人,同时给他提供丰富的玩具和探索机会,让他有机会独立、投入地玩耍，这样他就不会只依赖妈妈一个人了。

当然，没有一个办法能让孩子迅速地度过分离焦虑期而变得完全不依赖妈妈。我们还是要给孩子时间，让他慢慢地去适应。相信总有一天，他会微笑着和你说"再见"。到那时，你是否会怀念他过去对你的依赖和不舍呢？

3.4 小气

如何教孩子学会分享，是让很多家长头疼的问题。尤其是和亲戚、朋友见面时，如果孩子能大方点，把零食、玩具分享给其他小朋友，我们做父母的也会很有面子。但要是孩子总是死死护住自己的东西，说什么也不肯分享，我们就会很尴尬，可能还会觉得孩子没有家教。

这一节，我们来聊聊孩子小气背后的原因，并用科学的方法教他学会分享。

3.4.1 小气不代表自私，只是孩子在保护自己

其实，分享这件事是我们大人误会孩子了。不肯分享并不代表孩子自私，而是他在特定年龄段的一种正常表现。

孩子1岁多的时候开始萌发自我意识，知道"我"和"你"是不同的，第一次把自己和他人区分开来。

一方面，他们有很强的占有欲，通过坚持对物品的所有权来表达自我意识，常常把"这是我的"挂在嘴上。另一方面，他们还不能理解别人的想法和感受，一切从自己出发，没办法换位思考，所以只会抢别人的玩具，不会分享自己的玩具。和婴儿期的懵懂无知相比，这是孩子自我意识发展的一次飞跃。

2岁多的时候，随着行为攻击性的增强，孩子对玩具的保护欲也会增强。不管是自己的玩具，还是曾经玩过、正在玩、准备玩的一切玩具，通通不准别人碰。这一时期想让孩子大方地分享玩具几乎是不可能的。

不过3岁以后，随着孩子自我意识的进一步发展，以及认知能力和情绪控制能力的提升，孩子的分享意识和合作意识都会增强。他不仅明白有些玩具是别人的，不是他的，所以不能抢，还开始注意到别人可能有不同的感受和想法，会试着去理解对方，不再那么以自我为中心。

3.4.2 孩子爱分享，离不开大人的耐心引导

3岁以后，即使孩子开始有了分享意识，也不代表他愿意分享所有的东西，或者你强迫他分享时他不会大哭大闹。

想要培养孩子乐于分享的品质，一方面要交给时间，另一方面还要用对技巧，循循善诱，不能强迫。我总结了四个要点，一起来看看你做对了没有。

（1）不要强迫孩子分享

我们都知道孩子的动作发展是先学会爬，后学会走。没有一个家长会逼半岁的孩子学走路，学不会就骂他笨。同样地，孩子的心理发展也遵循一定的客观规律，总是先以自我为中心，然后才慢慢学会换位思考，理解别人的感受和想法。所以，两三岁的孩子不愿意分享，不能善解人意，总是站在自己的角度想问题都是很正常的表现，和道德品质无关。

一般来说，孩子要到三四岁才开始学会与人分享，到七八岁才能比较好地理解别人的感受，显得不那么自私、小气。在这之前，如果我们大人碍于面子就强迫孩子分享，不仅没办法让他变大方，还会破坏他的安全感，让他觉得爸爸妈妈不在乎自己的感受，担心自己的东西随时会被人拿走。长此以往，孩子就会变得小气、占有欲强，长大以后甚至还会用囤积物品的方式来填补内心的不安。

所以，不管孩子几岁，对于分享这件事，我们都要充分尊重孩子的意愿，不要为了自己的面子打着分享的旗号，"抢"孩子的东西。

（2）不要总说"分享"这个词

有家长问："既然孩子要到三四岁才能学会分享，那在这之前我是不是什么都不能做？"其实，父母的引导还是很重要的。如果你从来不教孩子分享，甚至做一些反面的示范，那么不管孩子多大，他都学不会分享。但反过来，在孩子很小的时候你就以身作则，经常做这方面的引导，孩子一定会比同龄人更早拥有分享的品质，人际交往能力也会更强。

不过，很多家长在引导的时候用错了方法，事与愿违。比如家里来了小客人，很多家长会对孩子说："好孩子要学会分享，把你的玩具给弟弟玩吧。"这句话在孩子听来是什么意思呢？

其一，他不明白"分享"这个词是什么意思。

其二，他听到了"把玩具给弟弟玩"这个重要信息。在孩子眼里，给出去的东西就等于没有了，他当然不乐意啦，必须拼命守护好自己的东西，不能让大人拿走。但如果你换一种孩子能听懂的方式去表达

"分享"的意思，结局就会有很大不同。你可以说："宝贝，你选一个玩具和弟弟一起玩。"或者说："这个小车，你和弟弟轮流玩，你坐在上面的时候弟弟帮你推，等一会儿，弟弟坐在上面，你帮弟弟推。"像这样用"一起玩""轮流玩"等词语来表达，孩子就不会有强烈的"失去感"，分享的意愿也会增加。

除此之外，在公共场合，我们还可以给孩子建立一些规则，把分享的概念渗透其中，比如动画片《小猪佩奇》就有一集是孩子们在游乐场玩。一开始猪爷爷没有制定好规则，孩子们随便说一个理由就可以插队，导致大家都挤在一起，谁都没得玩。后来猪妈妈来了，她告诉猪爷爷和孩子们："在游乐场只有一个规则，就是大家都要排队玩。"当没有人插队时，一切变得井然有序，大家都玩得很开心。

我们也可以向猪妈妈学习，用规则来约束孩子的行为。通过不断提醒，当孩子能够做到不插队，不抢玩具，耐心等待，和其他小朋友轮流玩、交换玩的时候，他就已经在做"分享"这件事了。

（3）分享不等于全部都给你

我们这一代人都是听着"孔融让梨"的故事长大的。所以，在我们的观念里，分享其实就等于失去。但在西方国家，分享却有另一种含义：给你我的一部分，而不是全部。

我给小样买的一本英文绘本就很好地诠释了这个概念。在这本书里，小朋友分享的做法不是把我最喜欢的、正在玩的这个玩具给你，而是另外再找一个玩具给你玩。分享饼干也不是把我正在吃的这块全给你，而是向妈妈再要一块饼干给你吃。

在这个分享的过程中，孩子是有决定权的。他可以决定要不要分享，也可以决定分享什么。

反观我们让孩子分享的过程，家里来了小客人，对方喜欢哪个玩具，孩子就得无条件地把玩具给他，不给还要被大人说小气、自私，这不是在教孩子分享，而是在教孩子忍让。虽然这一刻，我们在客人面前是挺有面子的，但让孩子养成忍气吞声、逆来顺受的性格，将来长大了被朋友、同事、领导，甚至是另一半欺负，那时我们还开心得起来吗？

所以，在分享这件事上一定要给孩子决定权，这是很重要的。在客人来之前，我们可以先问问孩子哪些玩具是他特别珍惜、不愿意分享的，提前把它们收起来。哪些玩具是他愿意和小朋友一起玩的，就放在客厅里。

当孩子有了决定权，受到了我们的尊重，得到了我们的支持，分享对他来说就没那么难了。

（4）有选择、有底线的分享，才是最好的分享

我有个朋友在分享这件事上做得特别好。她每次带孩子去见朋友，都会准备一份小礼物送给对方。有一次她在准备礼物时，孩子提出也想给对方小朋友带一份礼物，妈妈欣然答应了。就这样，在妈妈的榜样作用下，孩子也变成了一个爱分享、经常给朋友送小礼物的人。

很多家长在要求孩子分享时忘了一点，我们成年人的分享是有选择性的，只分享给我们喜欢、在乎的人，而不是所有人。就像上文

提到的这位朋友，她并不会给所有人送礼物，而是只向关系亲近的人表达心意。

因此，我们在鼓励孩子分享时也应该是有选择、有针对性的。可以鼓励他和好朋友分享，或者用分享的方式结交新朋友，但千万不要强迫他将东西分享给一个他不喜欢或者不认识的人，尤其是对他来说很重要的东西。

这也是我们经常会犯的错：遇到熟人就强迫孩子分享，却忘了对孩子来说，对方不过是陌生人。

分享固然是一种美德，能帮助孩子收获友谊，更好地与人交往，受到大家的喜爱。但让孩子知道他有权决定是否分享、分享什么，同样是很重要的事。千万不要逼迫孩子去分享，最后变成一个没有底线、不会保护自己的"好好先生"。

3.5 发脾气

孩子爱发脾气，不知道该怎么引导，这几乎是我最常被问到的育儿类问题。很多家长不能理解孩子为什么那么任性，稍不顺心就大哭大闹，难道有话就不能好好说吗？

可是对两三岁的孩子来说，生气、受挫时还要保持冷静，用语言表达自己的感受和需求，本就是一项不可能完成的任务。从儿童发展的角度来说，发脾气并不是孩子性格不好，而是大脑的结构和功能还不足以支持他理性地表达和控制情绪。

这一节，我们就来看看为什么孩子都容易发脾气，怎样引导才能提升他的情绪控制能力和情商，让他有事好好说。

3.5.1 发脾气不是任性,而是培养情商的好机会

说起人类的大脑,我们最熟悉的就是大脑皮层,它让我们能够控制本能,保持冷静,做复杂的推理和思考,从而和动物区分开来。然而这个最富有智慧的、最冷静的大脑皮层只是我们大脑结构的一部分。

脑科学认为,人类的大脑可以分为三个部分,分别是爬行脑、哺乳脑和新皮层。爬行脑是最古老的大脑结构,主要负责和我们生存相关的基本生理活动,如心跳、呼吸、感受饥饿等,这些活动都是自发进行的,不受我们的思想控制。

哺乳脑比爬行脑更晚进化出来,负责控制人类的繁衍和吃喝节律,不过,其最重要的功能还是控制我们的情绪、情感活动,因此哺乳脑也被形象地称为情感脑。我们受到惊吓时会恐惧,被冒犯时会生气,失去重要的东西时会难过,冲动时会失去理智,正是由哺乳脑决定的。

让我们充满智慧、能够理性行事的则是最后诞生的新皮层。它也被叫作理性脑,不仅负责人类的各种高级认知功能,如言语、记忆、推理、计划等,还能对爬行脑和哺乳脑进行调控。

现在我们知道,想让孩子学会控制情绪,不乱发脾气,就得让他的理性脑发挥作用。可是爬行脑、情感脑和理性脑有各自的发育时间。

1岁前,爬行脑占据主导地位,这时父母主要照顾孩子的生理和心理需求,让他吃饱穿暖,有安全感。

1岁以后,孩子的情感脑也上线了,他们开始体验各种不同的情绪,却还搞不懂自己为什么有这些感觉,以及该如何驾驭它们。再加上孩

子的自我意识和行动能力不断增强，受到的限制却越来越多，所以这一时期，孩子很容易哭闹，只会用本能的方式来宣泄情绪。

直到3岁以后，孩子的理性脑才加入进来，开始发挥调控的作用。然而，和古老的爬行脑、情感脑比起来，理性脑显然太稚嫩了，常常会被爬行脑和情感脑抢走主动权。所以，当孩子累了、困了，或者陷入强烈的情绪中时，理性脑就无能为力了，这时你再怎么和孩子讲道理都是没用的。

理性脑什么时候才能真正成熟呢？严格来说，要等到25岁后，负责组织、计划、思维、自控等高级功能的额叶发育成熟时，理性脑才算发育成熟。

当然，我们不必等到孩子25岁后才要求他理智、冷静、不乱发脾气，从孩子第一次发脾气，我们就可以用科学的方法和他的大脑对话，帮助他训练情绪控制能力，提高情商。但我们也要理解，他毕竟还是个孩子，理性脑的能力还很弱，期望他总是乖乖听话、没有脾气是不现实的，还是要对他有耐心。

3.5.2　孩子发脾气时用好这四个方法

孩子发脾气时我们该如何帮助他冷静，避免产生本能、攻击性的行为呢？我总结了四个实用的方法。你可以把它们当成新技能，提前熟悉，多加练习，再遇上孩子发脾气，你就能更好地控制自己、帮助孩子了。

（1）用身体接触帮孩子平静

孩子发脾气时，帮助他快速平静下来是我们要做的第一件事。否则,情感脑会一直占据主导地位,让理性脑失灵,听不到你说的话。

对此,西方国家有一种比较流行的育儿方法,叫作"平静中断法"。具体做法是在家里设立一个没有干扰的"平静角"。孩子发脾气就让他在里面待上几分钟,直到冷静下来,才能离开"平静角",这时,家长再和孩子讨论"为什么要让你反省,你哪里做错了?"之类的问题。

虽然这个方法有一定的科学性,连美国儿科学会都推荐过,但我还是不太喜欢这个方法。原因就是,当我们自己也很生气、激动时非常容易用错这个方法,把它变成对孩子的惩罚,甚至是伤害。

同样是帮助孩子冷静,我推荐另一种方法——拥抱。尤其是年龄较小的孩子,他们的脾气没什么恶意,也没有很大的伤害性。这时候给他一个温暖的拥抱,孩子是会被暖化的。

心理学研究发现,身体接触有很强大的情感力量,能够促进催产素的分泌,给我们安全和幸福的感觉。当孩子生气、难过、沮丧的时候,给他一个温暖的拥抱,不仅能帮助他快速平静下来,还能让他感受到你的理解和支持,拉近你们的距离。这样,你再和他沟通的时候,他就不会那么抵触了。

假如孩子太过激动,拒绝了你的拥抱,那也没关系。你可以蹲下来,给他一个理解的眼神,拉拉他的手,摸摸他的后背,或者只是安静地陪着他,效果一定会比训斥、说教更好。

(2)帮孩子把情绪说出来

帮助孩子冷静下来的第二步是把他当下的感受和情绪说出来。这一步非常重要,能够对孩子的情感脑起到镇静的作用,帮助他更快地平静，同时还能激活大脑的脑岛区域，在理性脑和情感脑之间架起沟通的桥梁，这样理性脑就能更好地发挥作用了。

听起来是不是很简单？你只需要在孩子发脾气时把他的感受说出来，就能帮助他平复情绪，提高情商。比如孩子想买一个玩具，而你不同意，你只需要理解他的感受，把情绪调到与他同频，然后对他说："不能买这个玩具，你很难过，对不对？"

看似简单的一个动作，大部分家长却做不到，因为我们习惯了站在自己的立场和角度想问题。在我们看来，已经和孩子解释过玩具太贵，他还坚持要买，那就是他任性、不听话。我们非但不会安慰他，不会说出那句："你很难过，对不对？"，还会否定他的感受，认为他没有权利难过和生气，甚至指责他："哭什么哭，有什么好哭的，给你买的玩具还不够多吗？你当我的钱是大风刮来的啊！"

当我们这样做的时候，已经把孩子推到了对立面。他不仅因为买不到玩具而难过，因为没有父母的指导而错过了学习"难过"这种情绪的机会，还被贴上了"任性、贪心"的标签，情绪也一步步升级，从最初的失望到后来的愤怒，久久无法平静下来。

我们原本可以避免这一切的发生，把这次经历当成培养孩子情商的一个契机，却没有这么做，一是没能理解孩子，不习惯换位思考，二是我们对情绪的误解。

在很多人眼里，情绪是有好坏之分的。开心、满足、幸福是好情绪，生气、难过、恐惧是坏情绪。我们不希望孩子有坏情绪，所以当这些情绪冒出来时，我们会用否定、打压、回避的态度去对待，而这恰恰剥夺了孩子学习如何面对这些情绪的机会。

从心理学的角度来说，每一种情绪都是积极而有意义的。愤怒能给我们力量去奋斗和保护自己；难过能让我们得到别人的关心，学会珍惜重要的东西；恐惧能帮助我们躲避危险，更好地生存下来。

这些情绪不仅有用，而且受情感脑的控制，它们不会因为我们不喜欢、不接受就凭空消失。我们能做的就是接纳它们，学习如何与它们相处。

当孩子有任何情绪出现时，不要急着否定它，而是找到一个准确的词把这种情绪表示出来，告诉孩子这是一种什么感觉，它为什么会出现，我们可以怎么和它相处。长此以往，孩子的情绪识别能力和控制能力都会得到提升，就不会再用本能的方式去发泄它了。

关于情绪、情商的更多内容，可以阅读第4章中"共情"的部分。在这里，我们只需要知道当孩子发脾气时，可以用"说出感受"的方法帮助他冷静下来。

"积木又塌了，你觉得很受挫，对吗？"

"爸爸冤枉了你，你觉得很委屈，对不对？"

当你说出孩子的感受时，一方面，他会觉得自己被理解了，这会让他好受很多，负面情绪也会很快消散。另一方面，给情绪一个名字，也是帮助他认识情绪、提高情商的过程。

不必担心这样会惯坏孩子，只要把情绪和行为分开处理就行了。情绪没有对错，我们要无条件地理解和接纳，但行为是有对错的，我们可以在理解孩子之后用有效的方法帮助他改变。

(3）找出比发脾气更有用的办法

当你做完以上两步,孩子平复了情绪,理性脑又重新上线后,就可以做第三步,和孩子一起解决问题。

孩子发脾气大多是因为无计可施,就像买玩具的例子,如果他有其他办法让你帮他买玩具,何必还要浪费力气发脾气呢?大人也是一样,很多时候吼孩子、打孩子,是因为找不到有效的管教方法,既生气又无奈,所以才选择用最糟糕的办法发泄情绪,惩罚孩子。

不管是孩子还是大人,其实都应该把思路转换到解决问题上来,而不是用已经证明无效的方法在原地兜圈子。对孩子来说,什么是比发脾气更有效的方法呢?那就是使用理性脑的语言功能。

《魔法岁月:0~6岁孩子的精神世界》一书的作者塞尔玛·弗雷伯格把语言称作"控制冲动的咒语"。语言的发展不仅使孩子能够控制外部世界(只要说"喝水",妈妈就会把水拿给宝宝),还让理性思考和控制身体冲动成为可能。通过运用语言和词汇,孩子能够在头脑里预见行为的后果,知道打人会被妈妈批评,把饭吃完会被妈妈表扬,甚至还能模仿大人的语言,在摸热水瓶或电线前对自己说"不可以",从而收回想要试探的小手。

只要仔细观察就会发现,语言能力强的孩子,发脾气、打人的频率一般会比其他孩子低。成年人的世界也是如此,能动嘴的人一般很少动手,言辞比较笨拙、总是说不过别人的人更容易冲动动手。

既然语言对行为有如此强大的约束力,孩子发脾气时我们就不该只是责怪,而应该花时间好好提高他的语言表达能力,尤其是对情绪和需求的表达。假如孩子生气时会告诉你"妈妈,我生气了(情绪),我需要你的帮助(需求)",他就不容易发脾气、大哭大闹了。

在我们家,小样也有过爱发脾气的阶段,我都会鼓励他用语言表达他的需求或困难。

"你这样发脾气,妈妈不懂你的意思呀。你可以告诉我,你想干什么吗?"

如果小样能把他的意思表达出来,例如,"这个玩具我弄不好/爸爸看手机不陪我",我就会马上表扬他,"嗯,你说得很清楚,妈妈明白你的意思了",同时和他一起想办法解决问题。

对于情绪的表达,一方面,我们要在孩子体验某种感受时给情绪贴上标签,告诉他你现在是"难过"还是"受挫",是"愤怒"还是"嫉妒",这样他才能把感觉和情绪对上号,学习如何控制它。另一方面,我们要在生活中以身作则,经常说一说自己的感受。尤其是你对孩子不耐烦、想要发脾气时,告诉他:"我现在很烦躁/很生气,就像火山马上要爆发了。"这样不仅能教会孩子怎么表达情绪、控制情绪,还能帮助你更好地控制自己,避免做出伤害孩子的事。

除了教孩子说出感受和需求,以此来控制发脾气的行为,对于具体的、会反复出现的问题,比如孩子之间争抢玩具,一进商场就想买玩具,没有节制地吃零食、看电视等,和孩子一起找到解决的方法,能够大大减少他发脾气的频率。

对于年龄较小的孩子,我们可以给他一些建议,供他选择,或者用角色扮演的方式把这些方案表演出来。找两个娃娃,一个表演方案A,

一个表演方案 B，这样孩子更容易理解这两种方案的实际效果，从中选出一个他可以接受的。

假如孩子想出的办法或选择的方案在我们看来并不可行，不是我们心目中那个理想的答案，这时候也要忍住，不要去干涉孩子的决定。能够动脑筋想办法，本来就是值得称赞的。我们要允许孩子用实践的方法亲自检验方案的效果，和讲道理说服他相比，亲自碰一下壁，孩子会更愿意放弃错误的方案，重新寻找其他新办法，或者接受我们的建议。

对于大孩子来说，鼓励他想出不同的解决途径，一一写在纸上，然后从中挑选一个最佳方案，对培养他的思考能力和情商都是很有帮助的。我们只需要记住，在整个过程中不要评判方法的好坏，不要否定和干涉孩子，他就能感受到我们的认同和支持，更有信心解决问题。

最后给大家举一个我们家的例子。小样两三岁的时候和其他小朋友一样很喜欢吃糖。因为我知道吃糖有很多坏处，比如会引起蛀牙，影响食欲，降低免疫力，影响智力发育等，所以我希望小样能有节制地吃糖。为了避免因为吃糖而与他发生争执，我用了下面四步。

第一步，说出孩子的感受，对他表示理解——"小样很喜欢吃糖，吃不到很难受，对不对？"

第二步，简单解释原因——"吃糖会让你长蛀牙，经常生病，你不喜欢牙疼、生病时的感觉，对吗？"（想让孩子更信服你，平时可以多带他看一些科普绘本和视频，提高他的认知能力。）

第三步，和孩子一起制定规则，并严格执行——我和小样商量的结果是每天放学后可以吃一颗糖，吃完漱口。平时家里不放糖，要吃的时候临时去买，以减少对小样的诱惑。

第四步，在他不能吃糖时，给他找一个替代品——"今天已经吃过糖了，不能再吃了。不过你可以喝一杯甜甜的酸奶，你想要草莓味还是黄桃味？"

因为我总是能够接纳小样的感受，不会强硬地阻止他吃糖，所以他从来没有因为不能吃糖而发脾气。随着认知能力的提高，小样知道怎么做才能让自己更健康，常常会主动决定不吃糖，或者只吃一点，不需要我去管他。把"他律"变成"自律"，不仅家长很省心，孩子也能拥有更稳定的情绪和更有掌控感的人生。

（4）提前预防，能让孩子少发脾气

前面提到过，孩子爬行脑和情感脑的力量很强大，而理性脑发育最晚，力量也最薄弱，因此，孩子的逻辑性和自控力都比较差，很容易发脾气。

想要减少孩子发脾气的频率，一方面，可以借助前面介绍的方法帮孩子做训练，提高他的情绪控制能力。另一方面，可以做好预防，把可能导致孩子情绪失控的因素降到最少。这个方法对4岁前的孩子来说尤其有效，可以为你省去不少安抚孩子的工作。

总结一下，我们应注意避免下面这四种情况。

① 肚子饿

孩子对生理感觉的反应是很诚实的。饥饿时，孩子体内的血清素水平会降低，这使他们变得焦躁、易怒。同时血糖水平也会降低，减少对大脑的供能，这会降低孩子的意志力和自控力。

想要保证孩子情绪稳定，就一定要让他先填饱肚子。平日里吃饭的时间要规律，从添加辅食起，就让孩子养成每天定时定点吃饭的习惯。外出时可以在包里准备一些零食，万一太晚吃饭，还能让孩子垫垫肚子。

② 太困、太累

除了饥饿，太困、太累也会成为孩子发脾气的导火索。

当孩子非常困倦、疲惫的时候，大脑没有足够的能量运行，就会进入"省电模式"。而控制情绪恰恰是最耗电的一项功能，这时，大脑就会被迫处于关闭状态。

想要给孩子的身体和大脑及时充上电，培养午睡的习惯和保证夜间睡眠时间的规律都是很有效的方法，即使是在周末和假期也要坚持。

③ 零食、玩具的诱惑

对孩子来说，仅凭意志力就想抵抗住零食、玩具的诱惑，难度是非常大的。家长要做的不是拿零食、玩具诱惑孩子，等他哭闹着想要时再批评他，而是从一开始就收起不必要的诱惑。

建议家长平时不要在家里囤积零食，不要当着孩子的面吃。外出时，如果不打算给孩子买玩具，就尽量不要让他看到。

对年龄较小的孩子来说，转移注意力是个很有效的方法。可以尝试做游戏、开玩笑、做鬼脸、唱儿歌、给孩子讲个秘密等方法吸引孩子的注意力，让他忘掉想买玩具这件事。

④ 太多的限制和强迫

作为家长，我们总是忍不住想给孩子提要求：吃饭不能挑食，玩玩具要专心，穿衣服不能太慢，看动画片不能太久，我们提要求的时候不能生气或闹脾气……

虽然这些要求看起来都很合理，但当它们一股脑地束缚到孩子身上时，却会快速消耗孩子的自控力。所以，家长管得越多，孩子越容易不听话、发脾气。

我们不妨找一张纸，把对孩子的要求一一写下来，然后划掉那些不太重要的选项，只保留最重要的 3~5 项。当你变得包容，不再计较那些小事时，孩子就会在大事上听你的意见。

除此之外，我们还可以用建立规则、保证生活有规律这两个办法来给孩子划定行为的边界，减少发脾气的次数。关于如何有效地建立规则，可以阅读本书的第 5 章。

3.6 打人

打人是低年龄孩子经常会出现的一种行为。和前面讲到的扔东西、小气、发脾气一样，孩子打人往往不是出于恶意，而是事出有因，情有可原。这一节，我们就来看看孩子打人背后的原因，怎样引导才能让孩子改掉这个坏习惯。

3.6.1 孩子打人不是学坏，而是因为这些原因

归纳一下，孩子打人大多有以下五个方面的原因。家长可以通过观察和分析，找到孩子打人的主要原因，然后对症下药，改变孩子。

（1）孩子的控制能力有限

在成年人的观念里，打人总是和攻击、愤怒这样的词联系在一起，但在孩子的世界里，打人却可以是中性的，甚至是积极的。

比如宝宝1岁的时候还不能理解"打人"的含义，更不知道打人会带来什么后果。当他开心、兴奋的时候可能会拽你的头发，冷不丁地打你的脸。由于掌握不好力度，小手打起人来也是很疼的，这让我们很生气。

宝宝第一次打人时你或许会原谅他，觉得他还小，应该是闹着玩的，但两次、三次、十次以后，你改变了想法，觉得宝宝是故意打人的，必须帮他改掉这个坏习惯。

的确，宝宝可能就是故意打你的，但这种"故意"并不带有攻击性。他只是把你当成了实验的对象，在反复测试你的反应。你越是表现得激动，宝宝就越开心，这和扔东西时测试物体会不会掉到地上是一个道理，都是宝宝在学习因果关系。

要到两三岁后，孩子才渐渐明白"打人"会伤害到别人，是不被人们接受的一种行为。但他们还是会打人，不是想要伤害谁，而是情绪激动时控制不住自己。在学会更恰当的应对方法前，他只能用这种身体本能表达愤怒、发泄情绪。

（2）语言表达能力弱

在上一节"发脾气"的内容中，我们提到了语言是控制冲动的咒语。随着年龄的增长，孩子学会用语言表达情绪和需求后，发脾气、打人这类本能行为就会减少，取而代之的是用更文明、更高级的方式解决问题。

不过在 3 岁前，孩子的语言能力还很有限，无法清楚地表达自己的感受和想法，尤其是当他陷在强烈的情绪中时，情感脑占据主导地位，理性脑无法发挥作用，语言功能就更弱了。所以，低年龄的孩子生气、懊恼、受挫时很难像我们期望的那样好好说话，总是一着急就动手。

（3）通过模仿学会了打人

孩子都喜欢模仿，擅长模仿，这是他们生存和学习的重要方式。虽然我们都希望孩子只模仿好的行为，如礼貌地打招呼、看书、学习等，不要模仿打人、骂人这些不好的行为，但孩子并不会用我们的道德标准去评判各种行为，然后再决定模仿这个，不模仿那个。

事实上，孩子有一套自己的判断标准。心理学家艾莉森·高普尼克说，孩子倾向于模仿人们故意做出的有效行为。

比如你做了两个动作，动作 A 打开了盒子，而动作 B 没能打开盒子，那么孩子很可能会模仿能够打开盒子的动作 A。假如你又不小心做了动作 C，同样能够打开盒子，由于这个动作是无心的、偶然的，孩子更可能会模仿你故意做出的动作 A，而不是动作 C。想想我们生活中那些故意做出的有效动作，如打人、骂人，虽然都不是好的行为，但能让我们占据上风，获得话语权，孩子当然会跟着学。

孩子学会模仿的时间要远远早于我们的预期。心理学家发现，9 个月大的婴儿就已经发展出了"延迟模仿"的能力，也就是在看到某个动作后间隔一段时间，仍然能够记住并再现这个动作。

所以，不要觉得孩子小就没关系，在1岁前，他已经把我们的行为看在眼里、记在心里，即使当时没有模仿，也不代表长大后不会模仿。

另外，很多家长喜欢用"打手心、打屁股"的方式教育孩子，虽然在你看来，这种以教育为目的的"打"和孩子打人的性质不同，但在孩子看来却是一样的行为，所以他还是会模仿的。

（4）缺乏社交技能

你一定想不到吧，有些孩子打人，只是想和对方一起玩，但不知道怎么沟通、怎么融入大家，所以就选择了这种最笨拙、最原始的方法。

除了打人，他可能还会故意推人，把小朋友搭好的积木推倒，或者抢走别人手里的玩具。这样做有几种不同的可能性，也许是想引起对方的注意，加入游戏，也许是把对方当成了"玩具"，想看看这样做对方会有什么反应，还可能是想要玩别人手里的玩具，但不知道怎么沟通。

对于这类情况，孩子只是缺乏必要的社交技能。随着年龄的增长，和小朋友交往次数的增多，再加上我们大人的引导，打人、抢玩具的行为会慢慢减少，孩子最终会用语言沟通，或者运用一些游戏策略（如交换玩具、称赞、帮助对方，合作游戏等）来达到他的目的。

（5）积累了太多负面情绪

回想一下，同样是孩子不听话，你心情好的时候是不是很有耐心、很包容，心情不好时就很容易冲孩子发火？这就是自身状态对情绪表达方式的影响。

孩子比我们小，更容易受到情绪的影响。当他因为各种原因积累了太多负面情绪时，就很容易因为一件小事把情绪一股脑地发泄出来，最终用打人、发脾气这些不理智的行为表现出来。

所以，在平日里我们就要留心观察孩子，不要过于严厉地对待他，不要管这管那限制太多，也不能太压抑孩子的情绪表达。有情绪的时候及时疏解，才能避免坏情绪的集中爆发。

3.6.2 孩子打人前要做好预防工作

分析完孩子打人的原因，我们再来看看该怎么处理。除了对症下药，提高孩子的语言能力和社交能力，以身作则不打人，多关注孩子的感受，及时帮他疏解负面情绪外，还有一项很重要的工作，就是提前预防，及时制止。

孩子打人前一般都是有迹可循的，比如，情绪会变得激动，和小朋友起了争执，或者被我们限制做一些事，如不准他吃糖、看电视等。我们要注意观察孩子的情绪变化，留意他打人前的征兆，在他情绪爆发前及时帮他降温。

要注意的是，在孩子情绪激动时不应该再训斥他，或者发出警告："你又想打人了是不是？"这样不仅会刺激孩子，让情绪进一步升级，还给他贴上了"爱打人"的标签，非常不利于他的改变。

我们可以用上一节中介绍的方法，说出孩子此刻的感受，理解和接纳他。比如已经很晚了，孩子坚持要出去玩，你可以对他说："宝贝，你很想下楼玩，可是妈妈说不行，所以你很失望，对吗？"

说出孩子的感受，对他表示理解，能帮助孩子冷静下来。你也可以用第 6 章的育儿技巧，比如想一个替代的方法，在家里玩泡泡，让孩子的情绪往积极的方向转变。

假如孩子的情绪还是很激动，你不妨给他一点时间和空间，在旁边静静地陪着他，告诉他："等你感觉好一点了，再和妈妈说话，妈妈等你。"

等孩子完全冷静后，可以和他聊聊，遇到这样的情况，有什么办法可以解决问题。

比如想要其他小朋友的玩具，可以试试用交换、一起玩的办法和对方商量。如果对方不同意，也可以引导孩子发现自己玩具的新玩法，从中获得满足。

如果不是在家里，而是在公共场合，那么，把孩子带离当时的环境，找一个安静的地方去安抚他的情绪，会是一个不错的办法。

3.6.3 孩子打人后，我们的态度很重要

要是我们还来不及制止，孩子就打人了，又该怎么办呢？这时候一定要做好三件事。

（1）要明确地告诉孩子"不可以打人"

不是说"你怎么又打人了，再这样，妈妈要生气啦"，也不是隐晦地说"你怎么回事？怎么又不听话呢？"，更不可以用沉默或者微笑的方式回应。

孩子打人的时候，我们必须第一时间简单、明确地告诉他"不可以打人"，要看着他的眼睛，认真而有力地说出这几个字。让他明白不管妈妈多爱你，打人这个行为都是不可以接受的。

（2）要安慰被打的人

如果孩子打了别人，我们要安慰对方："你的手被打了，一定很疼吧！"如果被打的是我们自己，这时候要说出自己的感受："你打了妈妈，妈妈好疼，心里好难过。"

这么做的目的是让孩子看到打人的后果，同时教他换位思考，理解被打者的感受。千万不能不当一回事，不能跟孩子说"不疼的，没关系"，那样他只会更加肆无忌惮地打人。

（3）要让孩子承担后果，既让他明白打人对他没有好处，同时也让他承担起应该负的责任

这里我们要把"后果"和"惩罚"区分开来。后果是打人带来的自然结果，有一定的逻辑性，能让孩子心服口服。惩罚却是我们人为施加的，和打人没有明确的因果关系，很难让孩子服气。

举个例子，孩子在游乐场打了其他小朋友，符合逻辑的后果是安慰对方，取得对方的原谅，或者立刻回家，不能继续在游乐场玩，因为他破坏了游乐场里的规则，对其他小朋友造成了伤害。

上面两种后果都是合情合理的，但如果你当众打孩子屁股，禁止他回家看电视，就和打人没有因果关系了，而是一种惩罚。不合理的惩罚非但不能改变孩子的行为，还会抵消他做错事的愧疚感，伤害你们的亲子关系，让他更不愿意听你的话。

类似地，如果孩子打了你，你不应该在他什么都没做的情况下立刻原谅他，或者帮他找借口，这样，打人就没有代价了。你应该说出自己难过、失望的感受，暂时和孩子保持距离，告诉他你暂时不想和

他玩，或者不想给他讲故事，除非他能给你揉一揉，或对你表达关心："妈妈，你还疼吗？对不起，下次我不打人了。"

当然，在孩子小的时候，他不可能自己想出道歉的方法，我们可以引导他，教他怎么弥补过错。

"你把我打疼了，我好难过啊，不想和你玩了。但如果你能给我揉揉，说一声对不起，我就原谅你。"

孩子不会一次就学会怎么道歉，求得别人的原谅。但如果你能坚持陪孩子练习，每次他打了人或者做错事，你都教他这么做，时间长了，他就会记住这些话，知道怎么表达歉意和关心。

3.7 说脏话

有一位妈妈咨询过我，说自己3岁多的儿子特别喜欢说脏话。家人为此很着急，道理也讲了，屁股也打过，可孩子不仅没有改变，甚至还变本加厉，尤其喜欢挑家里来客人，或者去公众场合的时候说，让家人很难堪。

如果你家孩子也喜欢说脏话，别着急，我们这一节就来看看孩子说脏话的成长性原因及应对的方法。

3.7.1 孩子说脏话，是在测试语言的魔力

为什么3岁后，很多孩子开始学说脏话了呢？这其实和孩子的语言发展有关。

3岁后，孩子的语言能力快速发展。

一方面，词汇量大大增加。有统计数据显示，3岁时孩子的词汇量为800～1 100个，4岁时为1 600～2 000个，和2岁时只有两三百个

的词汇量相比，是非常大的飞跃。

另一方面，3岁后，孩子对于语言表达有着非常浓厚的兴趣，他们喜欢说话，更喜欢使用新学到的词，其中就包括我们不喜欢的脏话。

起初，孩子只是出于模仿，无意中说出了这些他们其实并不理解的话。但和其他词语不同，当孩子说出脏话后，父母会有很强烈的反应，要么非常生气，不停地批评孩子，要么反复追问是从哪里学来的脏话。

这对孩子来说不仅有趣，还让他们第一次感受到了语言的力量："原来我什么都不用做，只要说出这个词，就能让爸爸妈妈这么生气，真是太好玩了，下次我还要试试。"

可以说，正是我们的过激反应给了孩子持续说脏话的动力。我们无须担心的一点是，孩子并不能真正理解这些话的意思，甚至连什么叫"骂人"、什么叫"脏话"都不清楚。同时，由于缺乏同理心，不懂得换位思考，孩子不知道说脏话会给听者带来什么伤害，只是单纯觉得好玩、有力量而已。

还有一些孩子，平时很少得到父母的关注。当他们发现说脏话能让父母注意自己时，也会用这个方法求得父母的关注。对他们来说，即使是打骂，也好过父母对自己不闻不问。

另外，对于那些长期说脏话、已经习惯成自然的孩子来说，他们很容易在生气、激动的时候用这种方式发泄情绪，就像生气时打人一样。我们要尽早帮孩子改掉这个习惯，教他用健康的方式表达情绪。

3.7.2 用对方法，和脏话说拜拜

明白了孩子说脏话不是变坏，而是在探索和学习语言，你有没有

安心一点呢？下面我们来看看怎么帮孩子，在这里分享四个方法。

（1）简单解释，培养孩子的同理心

当你第一次听到孩子说脏话时，一定要保持冷静。请记住，孩子没有恶意，只是像在说"苹果、橘子"这类中性词那样说一个他新学到的词语。你的反应越激动，孩子越觉得有趣，越可能会反复说这个你不想听到的词。

在冷静的同时，你可以简单地告诉他："这不是一个好词语，会让听到的人不开心，就像别人说你是笨蛋、讨厌鬼一样。"

让孩子想一想别人对他说不好的话时他会有什么感觉，这有助于培养他的同理心。你也可以用"红灯"做比喻，让孩子知道这个词是不能说的。

对于大一点的孩子，你可以讲讲下面这个故事，帮助他理解说脏话会造成的伤害。这是我在一本书里读到的，讲的是一个爱发脾气的小男孩和他爸爸的故事。

有个小男孩很爱发脾气。一天，爸爸递给他一袋钉子，让他每发一次脾气，就往篱笆上钉一根钉子。第一天，小男孩钉了40根钉子。

这之后，小男孩慢慢学会了控制情绪，每天钉的钉子数量越来越少。直到有一天，他一根钉子都没有钉，高兴地跑去告诉爸爸这件事。爸爸听完后，对他说："从今天起，如果你一整天都没发脾气，就可以拔掉一根钉子。"

就这样过了一段时间后，篱笆上的钉子都被小男孩拔完了。爸爸很开心，夸奖他做得很好，同时还说："儿子，你看，虽然钉子被拔掉了，篱笆上却留下了一个个小洞,就像你对别人发脾气一样,你说过的难听的话也会在别人心里留下伤口,永远都无法愈合。"

这位爸爸说的话非常富有智慧,他让孩子明白,有些事一旦做了,就无法彻底挽回了。说脏话也是一样的,虽然对说者而言不用费一丝力气,却会让听者很受伤,久久无法释怀。正如古人所说:"良言一句三冬暖,恶语伤人六月寒。"

当孩子领悟到说脏话原来有这么严重的后果时,他就不会仅仅因为好玩而轻易把不该说的话说出口了。

(2)这两种情况,假装听不见

孩子的理解能力有限,同理心又有待发展,我们不能指望仅靠一次解释或一个故事就彻底改掉他说脏话的行为。

对于前面提到的两种情况,孩子出于好玩说脏话,或者为寻求父母的关注而说脏话,建议你可以试试美国儿科学会推荐的"消退法",简单来说,就是孩子说脏话时不做任何反应,假装没听见。

是不是觉得很意外呢?意外就对了。当我们对孩子的脏话充耳不闻、不做任何反应时,孩子也会觉得很意外,很纳闷:"平时只要我一骂脏话,妈妈就会很生气,怎么今天不管用了呢?"

孩子喜欢有趣的结果,当他试了很多次,发现大人根本就不在意时,脏话的魔力就完全消失了,他就会改变策略,尝试用其他方法吸引大人的注意。

要让这个方法发挥作用,关键就是你一定要沉得住气,不要孩子一骂人,你就像按下开关键的电灯一样立马做出反应。你的情绪越平和,越不把说脏话当回事,孩子就越觉得无趣。

除了故意忽视孩子的脏话,你还要在孩子好好说话时及时给予积极的反馈:"宝贝,你说话真有礼貌,妈妈很高兴,给你竖大拇指。"忽视脏话,夸奖好话,两招结合起来使用更能巩固孩子好好说话的习惯。

对于那些寻求关注的孩子,父母要在平时多抽出些时间陪伴、关心孩子,看到他对亲情的渴望,称赞他的好行为、好品质,教会孩子用健康的方法求得关注,从而纠正他说脏话的行为。

(3)用"好话"替代脏话

如果孩子已经把说脏话变成了习惯,经常会不经意地说出口,很难控制自己,那么,建议你使用替代法:和孩子创造一些简单的、顺口的、你可以接受的口头禅,用来代替那些不被接受的脏话。

比如在我们家,有段时间,小样一生气就会说:"我要打你了!"家人把这句话解读为一种威胁,一听到小样这样说,就马上批评他。

后来我想了一个办法,小样一说"我要打你了",我就告诉他这句话不厉害,还不如说"真是的"。遇到类似的情境,我也会一边假装生气,一边说"真是的"。小样觉得很有意思,就开始模仿我,久而久之,他就不再说"我要打你了"这句话了。

生活中的很多场景可以用到这个教孩子口头禅的方法,不仅能改掉他说脏话的习惯,还能影响他的思维。

比如,孩子生气时你可以引导他说"我太生气了/好气人啊",

摔倒了可以说"要勇敢",批评别人时可以说"糊涂的××/淘气的××",开心或者难过时可以说"我需要一个拥抱"。

经常使用这些口头禅,孩子就会习惯成自然,不仅控制情绪的能力会得到提高,一些不礼貌、不得体的话也会不知不觉地被替换掉。

(4)以身作则,做好监督

孩子的语言习惯和他身处的环境密切相关。如果你家孩子经常说脏话,那你一定要好好想想他是从哪里学来的这些话。是家人、邻居、小伙伴说过,还是看的动画片、视频里有骂脏话的片段?

一方面,父母要以身作则,使用文明的语言,给孩子营造一个良好的语言环境。另一方面,孩子看电视、看平板、玩手机的时候,父母一定要做好内容的筛选和监督,避免孩子在我们不知道的情况下接触一些不好的信息,给他的心理造成伤害。

3.8 说谎

在很多父母眼里,孩子说谎是一件很严重的事,代表着不诚实。一经发现,就要严厉管教,不然,孩子就会在骗人的路上越走越远。这其实是一个很大的误解。

这一节,我们从儿童心理学的角度聊一聊造成孩子说谎的原因,以及改变说谎的几个方法。

3.8.1 说谎的孩子更聪明

首先,说谎标志着孩子认知能力的发展,这不仅在6岁前很常见,而且是一种能力的进步。

有心理学家做过实验,要求孩子猜测卡片背面的数字,猜对了就有奖励。然后在实验过程中，研究人员借故离开，并提醒孩子不要偷看卡片。结果绝大部分的孩子偷看了。不过，研究人员真正想知道的是，当他回来询问孩子是否偷看过卡片时，有多少孩子会说谎。

统计显示，2岁的孩子有30%说谎，3岁的孩子有50%说谎，4岁及4岁以上的孩子超过80%都说谎了。可见，随着孩子年龄的增长，说谎的比例也越来越高。

为什么孩子越大越容易说谎呢？是他们变坏了吗？不，其实是他们变聪明了，和2岁的孩子相比，4岁的孩子有更强的说谎能力。

儿童心理学认为，说谎对孩子来说不是一件容易的事，他们至少要具备两种能力才能完成说谎的任务。

其一，孩子要知道自己的想法可以和别人不同。当他知道自己偷看了卡片，而研究人员并不知道自己偷看过卡片时，他才会选择说谎。

这种对自己以及他人心理过程的觉察能力，或者说"读心能力"，在心理学中被称为心理理论。一般来说，孩子要到3岁后才能具备这种能力，才有可能对大人说谎。

其二，说谎时孩子不仅要控制自己的语言、面部表情和身体动作，让谎言看起来更自然，还要抑制住自己说真话的冲动，这需要很强的自我控制能力。很多低年龄的孩子虽然也会出于各种原因说谎，但他们很容易被看穿，也很难坚持住这个谎言，往往很快就忍不住跟大人坦白。

可见，说谎不是件容易的事，而是孩子进步、有能力的一种体现。

有专家认为，孩子越早学会说谎越聪明，是有一定道理的。

3.8.2 说谎和孩子的道德品质无关

我们害怕孩子说谎的一个重要原因是，在成人的世界里欺骗等同于道德品质败坏，骗子是不会被大家接受和欢迎的。但在孩子的世界里，说谎其实没有这么严重，也不涉及道德层面，只是一种典型的成长性行为，需要父母引导而已。

孩子什么时候才会形成道德感呢？这个年龄比大部分家长认为的都要晚。心理学家塞尔玛·弗雷伯格在《魔法岁月：0~6岁孩子的精神世界》中写道："道德感直到孩子五六岁时才会出现；到9岁或10岁时才能在孩子的人格中稳定下来；在青春期的最后阶段，孩子开始独立于父母，他们的道德感才能完全摆脱外在权威的影响。"

也就是说最早要到5岁后，孩子才开始出现道德感，才明白说谎是一种不好的行为，即使没有大人监督，自己也应该做个诚实的孩子。在这之前，说谎在孩子眼里就像讲故事一样，没有好与坏之分。

看到这里，你的焦虑感有没有减少一些呢？发现孩子说谎时我们不必太惊慌，只要用合适的方法引导他改变就行了。你大可以放心，孩子不会一下就变成满嘴谎言的"小骗子"的。

3.8.3 不同年龄孩子说谎的原因

了解孩子说谎的原因，不仅能帮助我们找到有效的引导方法，还能让我们走进孩子的内心，看到说谎无伤大雅甚至是可爱的一面。

在这里，我粗略地把年龄划分为2~4岁、4~6岁以及6岁以上。年龄的划分并不绝对，只是一个参考。

（1）2～4岁：不是故意说谎

2～4岁的孩子想象力十分丰富，常常分不清什么是现实，什么是幻想。很多时候，与其说孩子是在说谎，不如说他把真实和想象的世界搞混了。

他可能会把想象出来的情节当成真实发生的事，一本正经地讲给你听，也可能会故意把一些事、一些词语说得很夸张，还可能受"魔法思维"的影响，以为自己打翻牛奶时只要说是爸爸做的，就能真的改变事实，让自己免于犯错。

这些说谎的原因是不是很有童趣呢？严格来说，这并不是真正意义上的说谎，因为孩子只是把自己相信的事说了出来，而非编造谎言告诉你一个假象。

（2）4～6岁：有目的地说谎

4岁后，很多孩子开始尝试有目的地说谎。比如：做错事时，害怕你会对他失望，或者想要逃避惩罚而说谎；面对不想做的事时，他可能会谎称自己已经做过了；当他想要某样东西（如糖果、玩具）而你不允许时，他会骗其他人说你已经同意了。

有些孩子也会为了寻求父母的关注而惹父母生气，或者显示自己很聪明而说谎。

虽然这些谎言都是孩子故意说的，但他们还不知道说谎是种不好的行为，不明白欺骗意味着什么。我们耐心引导就好，没必要严厉地惩罚孩子，更不能给他贴上"爱撒谎、骗子、谎话精"等标签。

（3）6岁以后：开始说"白色谎言"

6岁以后，随着语言能力的提升和同理心的发展，除了常见的谎言，孩子还会开始说"白色谎言",也就是为了保护别人的感受而说的善意的谎言。

尤其是在同伴之间,为了维护彼此的友谊,更好地和对方相处,孩子学会了用"白色谎言"照顾别人的情绪,避免产生尴尬和冲突。比如,当他收到朋友送的礼物时,即使不喜欢也不会直白地说出来,而是会微笑地表示感谢。

虽然"白色谎言"有其积极的一面,但在这个年龄段,我们还是要注重培养孩子诚实的品质,不能让他觉得只要是出于好心就能随便撒谎。

3.8.4 四个方法,让孩子不再说谎

关于说谎,我特别认同一句话:"学会说谎是孩子成长的一部分,学会说实话也是如此。"

不管孩子出于什么原因说谎,我们作为家长都有责任及时引导他,教他学会诚实。不过在引导的过程中一定要注意方式方法,否则很容易把孩子变成更高明的"说谎者"。下面推荐四个方法。

(1)强调诚实的重要性

发现孩子说谎时,我们的态度很重要。不能因为孩子小就不当回事,更不能把这当成聪明的表现而沾沾自喜。你无所谓的态度只会鼓励孩子继续说谎。同时,也不应该过于严厉,你的训斥和惩罚很可能会吓到孩子,让他更不敢说实话。

如果你很难接受孩子说谎这件事,请花点时间冷静下来,回顾一下前面的内容,告诉自己,说谎不是孩子变坏,就像一个从来没见过

红绿灯的行人闯红灯一样,他只是需要别人告诉他这条规则。

当你冷静下来后,心平气和地和孩子聊聊。你可以告诉他,人为什么不能说谎。例如,说谎会破坏人与人之间的信任,让大家不愿意相信你说的话。

你可以告诉孩子,当他说谎时,你的感受如何。例如:"我会觉得很难过,很害怕,不知道能不能再相信你。"

你可以问问孩子,假如他被骗了,会有什么样的感受。例如:"妈妈答应给你买礼物,结果却没有买,你会有什么感觉?"

你还可以结合具体的事件,让孩子知道谎言会掩盖事实,使父母无法及时帮助他,让事情变得更糟。比如孩子没刷过牙,却骗你刷过了,你可以跟他说:"不刷牙的话,时间长了就会长蛀牙。"

上面这些讨论能够帮助孩子理解为什么不能说谎,这比批评和惩罚更有效,更能在孩子的心里播下诚实的种子。

当然,想让孩子诚实,我们自己首先要言而有信、说到做到,不要轻易答应孩子的要求,一旦答应了就要努力做到。如果你不珍惜孩子给予你的信任,为了达到目的而经常哄骗他,他也会有样学样,用谎言来欺骗你。

(2)接纳错误,孩子才不怕说真话

很多孩子之所以选择说谎,是因为说真话对自己没好处。比如,某一次,孩子不小心打破了花瓶,他对爸爸妈妈坦白了错误,却换来了一顿打。这会让孩子觉得说真话原来没有用。下次犯错时,他可能会隐瞒错误,用说谎来逃避惩罚。要是成功了,他可以免于挨打;

万一不成功，也不过和之前一样挨顿打，没有什么额外的损失。

孩子都是很聪明的，他们善于观察、勤于实践，找到对自己有利的做法后就会一直沿用，不会因为你的三言两语就轻易做出改变。

在这里，错的不是选择说谎的孩子，而是父母对待错误的态度。在孩子的成长过程中，假如我们对错误总是抱着排斥的态度，一犯错就批评、打骂，孩子自然会害怕犯错，没有勇气说真话。

想要改变孩子的行为，就要先改变我们的观念，对错误抱以接纳的态度，看到错误的价值。当孩子犯错时，不要急着责怪他，而是引导他思考如何弥补、解决问题。

举个例子，孩子不小心把牛奶洒到了地上，其实不必追问是谁闯的祸，到底是怎么回事，不妨把这当成教孩子承担责任、学习清理的机会。递给他一块抹布，然后平静地对他说："我看到牛奶打翻了，我们一起把它擦干净吧。"

这样的处理方式会弱化错误本身，避免让孩子太恐惧、太内疚，同时还向他展示了解决问题的方法，孩子能从错误中汲取经验，学习正面看待错误。

如果孩子犯错时我们能够控制情绪，冷静地和他沟通，给他弥补错误的机会，孩子就不会害怕犯错，不必为了逃避惩罚而说谎。

（3）说谎和犯错分开处理

为了鼓励孩子说真话，我们要把说谎和犯错区分开来。孩子主动承认错误时，我们要表扬他的诚实："你能勇敢地承认错误，妈妈很开心，很欣赏你的诚实和勇气。"

同时，我们可以适当减轻对错误的处理，把它当作对诚实的嘉奖。比如孩子乱扔玩具，本来应该没收玩具，但如果他能主动承认错误，我们就可以缩短没收玩具的时间，或者只要他把玩具整理好，就暂时不没收。

要注意的是，诚实并不能完全抵消错误，不然，孩子会觉得只要认错就不用承担任何责任了。同样，我们也不能只看到错误，看不到诚实和敢于认错的勇气，那样的话，孩子就没有信心对我们坦白了。

（4）消除孩子说谎的必要性

除了接纳错误、肯定诚实的行为外，如果孩子经常说谎，我们还应该认真思考他说谎的原因。

比如，孩子喜欢夸大事实，编造一些他没有做过的事，很可能是因为内心自卑，渴望得到别人的肯定。这种情况下，我们要多挖掘孩子的优点，多鼓励，少批评，帮助孩子建立自信，让他靠努力而非谎言赢得大家的认可。

如果孩子说谎是为了吸引你的注意，那你就要多抽点时间陪他，帮助他培养兴趣爱好和特长，让他在独处时也能找到快乐和满足感。

要是孩子说谎只是觉得好玩，那你可以以其人之道，还治其人之身。饭没做好时故意喊他吃饭，答应他的事故意食言，让他体会一下被骗的失落感。当然，我们的目的是教孩子诚实，而不是惩罚、报复他，所以骗完他后要马上跟他解释原因，说过的话也要尽量做到。

例如，你可以给孩子买个小玩具，故意藏起来，骗他说没买，等他上当后再像变魔术一样变出玩具，制造惊喜。这样，你不仅能让孩子体会到谎言和诚信带给他的不同感受，还用惊喜的方式消除了他的失落和愤怒，在积极情绪的影响下，孩子会更愿意接受"不能说谎"的品质。

值得一提的是，说谎虽然不好，但它也有一定的存在价值。比如"白色谎言"能够润滑人际关系，遇到坏人时，说谎能保护我们的安全，有些无伤大雅的小谎能为我们省去麻烦。所以，不要期望孩子活成一个完全不会说谎的透明人，不要过分严厉、苛刻地要求他诚实。只要孩子有承担错误的勇气，有实事求是、诚实、正直的品质，就值得我们肯定。

第 4 章　联结和共情，是孩子"听话"的基础

对大多数父母来说，让孩子听话是一件挺困难的事。每天，我们都会给孩子提很多要求，好好吃饭，乖乖刷牙，不要看太久电视，玩具要自己收拾好……

这些要求看起来合情合理，很多也是为了孩子着想，当然，也有一些是为了方便我们自己，但不管怎么说，希望孩子听这些善意的建议，并不是什么过分的事。所以，当孩子不肯听话，不愿意配合，甚至因为这些要求和我们发脾气、顶嘴时，我们会非常不解：都是为了他好，他为什么不听话呢？

只要我们说得对，孩子就要听，这其实是一种误解。事实上，决定孩子是否听话的一个重要因素不是这句话本身，而是说话的人是谁。越是他喜欢、亲近的人，这个人说的话他就越爱听。

这一章，我会分享如何通过联结拉近你和孩子的距离，以增强你对他的影响力，以及怎样用共情的方法让孩子听话，提高情商。

4.1　孩子听不听你的话，取决于他爱不爱你

请先思考下面这两个问题：你爱孩子吗？你的孩子觉得你爱他吗？

第一个问题，我想你的答案一定是"爱"。假如你不爱孩子，也就不会花时间来读这本书了。

第二个问题，很多父母会想当然地以为，孩子肯定知道爸爸妈妈是爱他的。但只要回想一下我们的童年，我们就会发现答案其实并不一定。

父母对我们微笑，给我们拥抱，带我们出去玩，难过时安慰我们，这些时刻，我们能明显地感受到父母的爱。

可是当父母严厉地批评我们，我们考砸时，他们把卷子扔到我们的脸上；当我们偷偷看漫画、玩游戏被发现时，他们把我们心爱的书和游戏机扔进垃圾桶；当他们忙着工作，没空理会我们……这些时刻，还是孩子的你真的觉得父母爱自己吗？

我们的孩子也是一样，他无法理解你行为背后所谓的"苦心"，只能根据你对待他的方式及他当时的情绪来判断你是否爱他。

所以，我们对孩子的爱与他接收到的爱，是不相等的。决定亲子关系的质量，以及孩子是否听你话的，是后者，而不是前者。如果想增强你对孩子的影响力，就得下功夫维护好你和孩子的关系，保证你在孩子心里的"亲子账户"有足够多的存款。

什么是"亲子账户"呢？简单来说，就是把你和孩子的关系比作一个银行账户。当你和孩子的关系变得亲近时，相当于往账户里存钱。而当你惩罚、打骂孩子，和他的关系变得疏远时，就相当于从账户里取钱。

"亲子账户"里的钱越多，你和孩子的关系就越紧密，孩子不仅会听你的话，在乎你的感受，还会有较高的自尊心和安全感，情绪稳定，容易感受到幸福，在学校的表现也会很出色。

反之，"亲子账户"里的钱越少，你们之间的关系就越疏远，孩子越叛逆、难管，也越容易出现行为和情绪问题。

正如海蓝博士在《不完美才美》里说的："你和孩子的关系决定孩子会不会听你的、听多少。要管教孩子，就先和孩子搞好关系。"

在管教孩子前，我们要先弄清楚怎么往"亲子账户"里存钱，以及哪些行为会减少账户里的存款，破坏亲子关系。

4.2　建立联结，其实没有那么难

下面我们先来看看如何往"亲子账户"里存钱。想要和孩子建立情感上的联结，把我们的爱传递到他心里，并没有想象中那么难。不需要花费太多金钱，也不必占用很多时间，更没有特殊的技巧。只要你爱孩子，就能做好。

4.2.1　和孩子建立联结的四个方法

建立联结这件事需要你亲力亲为，付出时间和你的真心，不是花点钱、送个礼物就能办到的。下面分享四个简单、实用的方法。

（1）每天拥抱很多次

还记得宝宝刚出生时，你多享受把他抱在怀里的感觉吗？看着他可爱的脸庞，闻着他身上的奶香味，不知为什么，你就是挪不开眼睛。那一刻，好像全世界只剩下你们，其他什么都不重要了。而现在，孩子慢慢长大，可以自己走路、吃饭、睡觉，你已经有多久没有好好抱抱他了呢？

很多家长不知道，对孩子来说，拥抱是一件很重要的事，不仅影响亲子关系，也影响孩子的身心健康。

过去，人们一直以为婴儿之所以依赖妈妈，是因为妈妈可以提供乳汁和营养。但是后来，心理学家哈洛用实验证明，对婴儿来说，拥抱、爱抚这些身体接触比食物更重要。

实验里，被迫和母猴分离的小猴子宁愿饿着肚子选择棉布妈妈，也不愿意和挂着牛奶瓶的铁丝妈妈待在一起。即使是在喝奶时，小猴子也坚持待在棉布妈妈身上，探出身体去够铁丝妈妈身上的奶瓶，用这种费力的姿势进食。

为了确保小猴子不是因为舒服才选择棉布妈妈，哈洛还设计了会引发小猴子惊吓的实验。结果发现，受到惊吓的小猴子都跑向棉布妈妈而非铁丝妈妈去寻求安慰。由此可见，对小猴子来说，身体接触比食物更重要，更能带给它们安全感。

不仅猴子是这样，人类的婴儿也是如此。研究发现，抚摸不仅能让哭闹的宝宝安静下来，还能促进身体发育，帮助早产儿增加体重，提高免疫力。而那些因为战争、贫穷等生活在孤儿院的孩子，由于很少能得到照顾者的拥抱和爱抚，动作、语言、心理、社交等各方面的发育都出现了滞后的现象，非常令人惋惜。

所以，从现在开始，每天起床后你要做的第一件事，就是给孩子一个拥抱。对小宝宝来说，你的拥抱能帮助他健康成长，建立安全感，给他探索世界的勇气；而对大孩子来说，拥抱同样有着神奇的治愈力量，能温暖你们的心，迅速拉近你和孩子的距离。

虽然一开始你可能会不太习惯，但随着拥抱次数的增多，你最终会爱上这个习惯。

除了拥抱，其他身体接触，如拉手、依偎、亲吻、拍肩、轻拍后背，以及玩游戏时自然的身体接触，也都能增进亲子关系，提升你们的亲密度。

（2）照顾孩子的日常起居

前面提到，和孩子建立联结并不需要花费你太多的时间，但毫无疑问，你是需要花点时间的。就像劳拉博士说的那样："在人际关系中，没有数量，就谈不上质量。"假如你的丈夫整天忙于工作，几乎都见不到面，你也不会觉得他有多爱你，对吗？

和孩子建立联结最有效也最简单的方式除了身体接触，就是朝夕相处了。和孩子生活在同一个屋檐下，帮他准备食物，和他一起吃饭，给他穿衣服、洗漱、讲故事，送他去学校、游乐场、医院，哄他睡觉，和他说晚安……像这样参与到孩子的生活中，和他有共同的经历和话题，知道他的兴趣爱好和喜怒哀乐，你就很容易走进孩子的心里，和他产生联结。

所以，有条件的父母一定要亲自照顾孩子，尤其是在他们小的时候。通常情况下，孩子是谁带大的，就和谁更亲，因为他有更多的时间和机会与照顾他的人建立依恋关系。

这并不意味着爸爸妈妈都要全职在家，和孩子待在一起，不能出去工作，而是说我们要珍惜和孩子在一起的时间，在上班前、下班后，以及周末、假期，都尽可能地亲自照顾孩子，不要为了偷懒就把孩子丢给老人或者保姆。在你图方便的同时，也让出了对孩子的话语权。

（3）经常陪孩子聊天

我们每天都会和孩子说话，但未必会陪他聊天。尤其是孩子上幼儿园、小学后，很多家长只关心孩子的学习及在学校的表现，或者用命令的口吻吩咐孩子做这个、做那个，这些询问和命令并不能算是聊天。真正的聊天是不带有功利目的的，虽然聊的都是废话，却特别能拉近父母和孩子之间的距离。

我看过一档亲子节目。节目里，上高一的儿子和父亲的关系非常紧张。儿子每天回家后，都会马上回房写作业。父子俩唯一能说上话的时间，就只有在餐桌上。

原本吃饭的时候，一家人可以聊聊天，沟通一下感情，可是这位爸爸总喜欢把饭桌当成课堂，不是数落孩子学习不认真、成绩越来越差，就是下达各种命令，如"这次考试好好复习，必须考进班级前20，听到没有？"。

有一次，儿子终于忍不住了，重重地摔下筷子，对爸爸吼道："学习，学习，你就只知道关心我的学习，你真正关心过我吗？"说完，儿子连饭都没吃就气呼呼地回房间去了。

这一幕你是否觉得很熟悉？学生时代的你，是不是也在心里这样埋怨过父母？

事实上，很多家长会掉进这样的误区里：孩子哪里做得不好，就把注意力放在哪里，反复说教，才能督促他改正。这种只盯着缺点、只关心学习的做法，会让孩子很受伤。

其实孩子最想和父母聊的不是学习，不是缺点，而是那些和他有关的小事，以及他内心的感受。不管遇到的是开心的事，还是难过的事，孩子都希望父母能当个捧场的听众，让他可以撒撒娇，吐吐苦水。

想让孩子敞开心扉，什么话都和你说，就不能总是带着批判的态度去一一纠正他的话。放轻松一点，做个耐心的听众，先接纳孩子的感受，让他把话说完，等他被你理解、治愈后，自然会知道自己应该怎么做。这时候如果你想给他一些建议，他也会比较容易听得进去。

养成每天和孩子聊天的习惯，你们会更了解彼此，更容易沟通，也更容易走进对方的心里。

（4）给孩子一段特别时光

生活节奏的加快让我们不得不分出更多的时间用于工作，加上还要做家务及处理各种杂事，我们能真正留给孩子的时间就不多了。如果是这种情况，那你可以试试"特别时光"的做法，既然不能增加陪伴的时间，那就提升陪伴的质量。

给自己设定一个目标，每天至少陪孩子 15 分钟，相信这点时间你还是抽得出来的。在这 15 分钟里，你要放下手机，放下工作，把所有的注意力都放在孩子身上，并且由他来决定怎么度过这段时间。孩子提出的要求只要没有原则性问题，你就要尽力配合他，不可以轻易拒绝。

比如，孩子想和你玩奥特曼打怪兽的游戏，即使你不喜欢，觉得这样做很傻，也要满足孩子的要求，投入地陪他玩。敷衍、找借口、心不在焉等做法都会让孩子失望，让他更加怀疑你是否爱他。

对于二孩家庭来说，特别时光就显得更重要了。二宝的到来会占用父母很多时间和精力，常常会让大宝误以为自己不再重要，爸爸妈妈只爱二宝。

因此，我们更需要给大宝一段特别时光，让他知道我们对他的爱没有减少。有了这份安全感，大宝也会更愿意接纳弟弟妹妹。

上面四个方法是不是一点都不难？只要坚持去做，给孩子爱和关注，你就能增加和他的联结，往亲子账户里存下不少钱。

4.2.2 这些伤害孩子的事要少做

知道了怎么往"亲子账户"里存钱，我们还得知道哪些行为会破坏亲子关系，取走我们辛苦存下的钱。这里，我给大家罗列了五种常见行为。

（1）忽视孩子

不愿意陪伴、照顾孩子，孩子有需要时不回应，哭了也不安慰，总是把注意力放在工作或者游戏上，对孩子爱搭不理，心不在焉。

建议：我们对孩子是否用心，他是能感受到的。把时间和心思投到孩子身上，才能收获他的爱。

（2）惩罚、打骂孩子

孩子做错事就惩罚、打骂，比如打手心、打屁股、关小黑屋，罚他不许看电视、吃饭等，用带有侮辱性的词骂孩子，给他贴负面标签，如："你怎么这么没用？真是笨！"。

建议：惩罚、打骂并不能真正帮助孩子改变，只会增加他们的不满，抵消他们犯错后的愧疚感，伤害亲子关系，降低孩子的自尊。

建议用积极的方式引导孩子改变,具体可以阅读第 5 章、第 6 章。

(3)把情绪发泄到孩子身上

经常吼孩子,把生活中的压力及在别处受到的委屈、不满都发泄到孩子身上。

建议:父母应做好情绪管理,不要把孩子当成出气筒。即使孩子犯了错,也要控制好情绪,平静地和他沟通,不能把孩子的错当成我们发脾气的借口。

(4)爱比较,对孩子很严苛

喜欢拿孩子的缺点和别人的优点比,事事要求孩子做到第一,做不到就批评、指责。

建议:盲目比较会损害孩子的自尊,增加他们的压力和挫败感,容易让孩子变得自卑,还会导致安全感的缺乏,让孩子怀疑父母对自己的爱。

父母应该看到孩子的优点和付出,多鼓励,少打击,这样孩子才容易进步。

(5)欺骗、吓唬孩子

为了让孩子听话,就允诺一些我们做不到或者不打算做到的事。比如孩子害怕打针,就骗他是去动物园,结果却去了医院。

或者说谎并吓唬孩子,骗他不听话就会被警察、妖怪抓走。

建议:这一招虽然短期有效,却会消耗孩子对你的信任。心理学家发现,大脑不允许我们靠近食言或说谎的人,一旦受骗,大脑就会产生厌恶、排斥和不信任感。

父母应该对孩子实事求是，说到做到，用积极的方法管教孩子，不要为了图省事就哄骗、吓唬孩子，这样只会让孩子关上他们的耳朵，不再听我们说话。

以上就是和孩子建立联结的四个方法，以及要注意避免的五种错误行为。

4.2.3　你的用心，换孩子的暖心

也许有人会说："养个孩子还这么麻烦，供他吃，供他穿，还要费尽心思和他搞好关系，我累不累啊？！"的确，和不管孩子、想打就打、想骂就骂相比，你可能会有点累。但当孩子感受到你的爱，在不经意间对你说出暖心的话，做出有爱的举动时，你就会觉得一切都值了。

记得小样 3 岁时，有一次我接他放学回家，在路上看到橱窗里挂着两件衣服，就随口问他："你觉得妈妈穿哪一件好看？"

我以为他会挑一件告诉我"这件好看"，没想到他说的却是："妈妈，你喜欢哪件，我就说哪件好看。我还要给你买一条新裤子，因为我很爱你。"

虽然后来，小样忘了买裤子的事，但那一刻，我真的觉得自己好幸运，能拥有这样一个爱我、处处为我着想的小暖男。

努力在孩子心里多占一点位置，何尝不是为了让我们自己幸福呢？

4.3　共情的神奇魔法

在所有育儿问题中，父母最头疼、最拿孩子没办法的就是和情绪有关的问题。

带孩子打预防针，他因为害怕，说什么都不肯进医院的门；沮丧或者生气时，孩子乱发脾气，不停地哭闹，甚至打人、咬人，怎么讲道理都没用；妈妈要去上班，或者送孩子去上幼儿园时，因为强烈的悲伤和不安，孩子哭到说不出话来，怎么都安慰不好。

每当孩子陷入悲伤、恐惧、愤怒、焦虑等各种情绪中时，我们都会发现语言是多么无力，讲道理、安慰、哄骗，甚至威胁等所有我们能想到的办法通通失效了。

假如有一根魔法棒，只要轻轻一挥，就能赶走孩子的坏情绪，让他恢复理智和平静，那该多好啊！

幸运的是，在心理学中，确实存在这样一根神奇的魔法棒，它的名字叫作"共情"。当孩子情绪崩溃的时候，你只需用好这根魔法棒，就能让孩子快速冷静下来，还能拉近亲子关系，提高孩子的情商。

4.3.1 什么是"共情"？

简单来说，"共情"就是理解孩子的感受，把自己放到他的立场去回应他的能力。

举个例子，孩子害怕打针，父母一般会有这样几种处理方式。

A：责怪型

"你怎么这么胆小，打个针都害怕！"

B：否定感受型

"有什么好害怕的，不准哭，听到没有！"

C：哄骗型

"我们不打针，你看，这个动画片好看吧？"

D：共情型

"你觉得害怕，对吗？打针是有一点疼的，会害怕很正常。但不会疼很久，我们数三下就打完了。"

你看出共情和其他做法的区别了吗？其他三种做法都是站在大人的角度去看待打针这件事，批评、否定，或者回避孩子的感受。只有共情是站在孩子的立场上，感同身受，把孩子真实的感觉说出来。

共情有三大神奇的作用。

首先，它能帮助孩子平复情绪，冷静下来。当孩子处在强烈的情绪中时，情感脑会占据主导地位，理性脑无法发挥作用，所以孩子会丧失理智，无法思考，也听不进你的劝导。

但当我们和孩子共情，说出富有同理心的话时，情感脑会得到安抚，渐渐平静下来。同时，连接情感脑和理性脑的脑岛区域会被激活，使得两大脑区可以更好地协调工作，帮助孩子处理情绪和语言。这时你和孩子说话，他才能听得进去。

其次，共情能增强你和孩子的联结，以及你对他的影响力。因为你对孩子共情的时候是站在他的立场，对他表达理解和安抚，而不是站在大人的角度发表观点，提出建议，这会让孩子感受到你的爱和支持。所以，他会对你敞开心扉，允许你进入他的世界，而不是学会闭嘴，假装快乐，你问什么他都说"我没事"。只有当孩子愿意对我们倾诉，不把我们拒之门外时，我们才有机会帮助他。

最后，共情能够提高孩子的情商。和孩子共情时，我们会说出他的感受，安抚他的情绪，这个过程有助于孩子理解自己的感受和想法，学习表达情绪、安慰自己。最终，孩子会从我们这里学到管理情绪的方法，用健康的方式应对情绪。

4.3.2 和孩子共情的方法

知道了共情的神奇作用，遇上孩子情绪激动、无法控制的时候，我们具体该怎么做呢？我总结了四个步骤。按顺序往下做，坚持一段时间，你就能看到孩子的变化。

（1）用肢体语言表达理解

共情最重要的一点就是换位思考，表达对孩子的理解。要做到这一点，我们既可以用身体接触的方式，也可以用语言说出他的感受。

当孩子害怕、难过、愤怒的时候，你可以视情况给他一个温暖的拥抱，轻轻抚摸他的后背，蹲下来用关心的目光注视着他，拉拉他的小手。这些举动都能把你的关心和理解传递给他，安抚他激动的情感脑。

假如孩子情绪太激动，抗拒你的身体接触，也没有关系。你就陪在他身边，告诉他："妈妈就在这里陪你，等你好些了，我们再聊。"

可以在保证安全的前提下让孩子把情绪发泄出来，比如，放声大哭、躺在地上、大叫、跺脚等。除非孩子有过激行为，你需要立刻制止，保证他的安全，否则，可以等到第四步再和孩子讨论什么样的发泄方式更健康。

（2）说出情绪，产生共鸣

除了身体接触，语言也是表达共情和理解的重要方式。这里，我们最需要说的就是孩子当下的感觉和情绪。

心理学研究发现，用准确的词把情绪表达出来，不仅能让孩子感到被理解，愿意对你敞开心扉，还能整合他的左右脑，帮助他安抚兴奋的情感脑，让负责语言和逻辑的理性脑发挥作用。

如果你觉得有点复杂，那就来举个例子。比如，孩子害怕打针，你可以根据对孩子的观察，把他此刻的感觉说出来："你觉得紧张／害怕，对吗？你担心打针会很疼，是吗？"

在这里，担心、紧张、害怕都是描述情绪的词，只不过强度不同，你可以根据孩子的表现说出更匹配的那个词。

类似地，表达生气的情绪词有不高兴、厌烦、生气、愤怒等，表达难过的词有遗憾、失望、不舍、难过、悲伤、痛苦等。

越是用精准的词给孩子的情绪贴标签，越能引起他的共鸣，起到共情的效果。偷偷告诉你，孩子掌握的情绪词越多，他就越能察觉、控制和表达情绪，情商也会越高。

除了说出孩子的感受，我们还可以告诉孩子两件事。

第一，所有的情绪都是正常的、有价值的，不需要压抑、隐藏自己的情绪，也不必因为某些情绪（如害怕、沮丧、嫉妒等）而觉得羞愧。情绪没有错，错的只有行为。

第二，情绪都是有原因的，明白自己是因为什么事而感到生气、难过，有助于理解和消化自己的情绪。

我们可以从这两个角度对孩子共情，还是以打针为例，你可以说："你现在很害怕，对吗（说出情绪）？因为打针会疼，你害怕疼的感觉（情绪的原因）。怕疼是很正常的，妈妈小时候也怕疼（情绪是正常的）。"

遇到其他情况，你也可以参考上面这个句式，把孩子的感受及产生这种感受的原因说出来，并告诉孩子这是正常的。

（3）耐心倾听，积极回应

做完上面两步，相信孩子的情绪已经慢慢平复下来，可以和你交谈了。这时候不要急着给孩子讲道理、提建议，你可以使用人际关系大师约翰·戈特曼推荐的"映射法"来回应孩子，听听他怎么说。

孩子感受到你的理解和关心后，一定会想对你倾诉点什么。他可能会告诉你刚才发生了什么事，让他这么生气。例如："爸爸一直看手机，不陪我玩！"

这时候，你只需重复你听到的话，说出你观察到的现象就可以了，无须发表观点，或者批评孩子。

"哦，爸爸一直看手机，不陪你，所以你很生气，对吗？"

"是的，他一点都不乖，我叫他帮我拼这个积木，他也不理我。"

"哦，爸爸看手机，都没有理你啊。你希望他不看手机，帮你拼积木，对吗？"

使用"映射法"来回应孩子，可以提升你们的沟通质量，让孩子说出更多你不知道的事，帮助你了解他、了解这件事。同时，这样做还能帮助孩子厘清思路，搞清楚自己为什么会产生这样的情绪，有哪些解决问题的方法。这对提高孩子的情商和解决问题的能力都是很有好处的。

（4）引导孩子解决问题

最后一步是引导孩子解决问题，有了上面三个步骤的铺垫，孩子不仅冷静下来了，也有了听你说话的意愿。这时候再对他讲道理、提意见，他就不容易排斥了。

不过，为了促进孩子能力的发展，建议你不要直接替他解决问题，而是引导他开动脑筋，自己想办法。

对于年龄小的孩子，你可以给他几个建议，让他从中选择一个；对于年龄大一点的孩子，你可以和他一起讨论，或者给他一点提示，让他自己想出办法。

在这里，我们要解决的问题有两个。

第一个要解决的问题是如何管理情绪。假如孩子发泄情绪的方式不合理，甚至有攻击性，我们要和他一起找出健康的情绪表达方式，比如深呼吸、从1数到20、把生气的感觉画出来、做运动、听音乐、捏橡皮泥等。

第二个要解决的问题是针对这次事件，想出一个预防或者解决的方案。比如爸爸陪孩子玩的时候看手机，解决办法可以有：

规定每天陪孩子玩的时间段，这段时间手机要放在固定的地方；

如果爸爸偷看手机，就增加陪玩时间20分钟；

一起玩的时候，孩子给爸爸指派任务，让爸爸忙起来；

爸爸没有偷看手机，而是认真地陪孩子玩，孩子要在爸爸的脸上亲三下。

当然，孩子想出的办法通常没有我们想得这么成熟、高效、可行，但没有关系，重要的是思考的过程，而不是结果。即使方案根本不合理，也不要马上否定孩子，可以亲自试一试，当孩子发现这个办法行不通时，再鼓励他换一种方法，不仅避免了不必要的冲突，也培养了他不怕失败、勇于挑战的精神。

4.4　会共情的孩子情商高

很多家长想提高孩子的情商，却不知道该怎么培养。其实，共情能力是情商的重要组成部分。如果你能对孩子的情绪保持敏感，在他陷入各种消极情绪时与他共情，你就已经在培养孩子情商的道路上向前迈进了。

心理学研究发现，孩子天生就具有共情能力。

你能想象出生才 2 天的婴儿就能分辨哪个是其他婴儿的哭声，哪个是电脑模拟的哭声吗？只有听到真实的哭声时，婴儿才会表现出同理心，跟着一起哭。

6 个月时，宝宝已经可以识别妈妈的悲伤，看到妈妈难过、哭泣时，他们也会觉得很难过。

2 岁时，孩子看到对方悲伤、痛苦，就已经会换位思考，关心和安慰对方了。

可以说，共情是我们人类与生俱来的能力，如果每个人都只关心自己，不会换位思考、将心比心，那人与人之间就会充满矛盾与摩擦。

不过，和很多其他能力一样，共情既有天生的部分，又与后天的环境、教育息息相关。要想提高孩子的共情能力，让他对情绪有较强的感知能力，有良好的人际关系、幸福感，甚至是学业表现，我们还需要做一些努力。

我总结了四个情绪训练方法，练习起来都不难，但很少有家长会主动去做。这也许是受文化的影响，让我们在面对感受、情绪时都比较腼腆。很多时候，这种腼腆造成了人际交往中不必要的误会。不如就从我们自身开始做出改变吧！

4.4.1 好玩的情绪卡片

教孩子认识动物、水果、汉字的时候，你一定用过认知卡片或者识字卡片吧，通常都是图片加文字的形式。情绪卡片也很类似，每张卡片上都有一张带着某种表情的人脸来呈现特定的情绪，如开心、难过、害怕、讨厌等，同时，在卡片上还会标注对应的情绪词。

比如"开心"的卡片一般会画一个哈哈大笑的小朋友，他嘴角上扬，眼睛眯成一条缝。"难过"的卡片上可能是一个正在哭泣的孩子，眉毛皱在一起，嘴角向下，眼角还挂着泪水。这种表情和词语一一对应的卡片就叫作"情绪卡片"。

你可能会问："为什么要使用情绪卡片呢？难道什么是开心、什么是难过，孩子不知道吗？"

其一，情绪本身是很抽象的。孩子年龄小，经验浅，他们最初在体验开心、难过等情绪时，并不知道这是一种什么感觉、为什么会产生这种感觉，甚至不知道感觉原来是有名字的。使用情绪卡片能够直观、具象地把各种情绪呈现出来，方便孩子理解和识别它们，也能作为后续情绪训练的工具来使用，方便孩子学习和讨论。

其二，我们认为情绪简单，是因为我们想到的都只是一些基本情绪，如开心、难过、害怕、生气等。还有很多复杂的情绪，如骄傲、羞愧、内疚、嫉妒，孩子一般要到 3 岁后才能体验到这些复杂情绪，上小学后才能理解和识别它们。

而且很多时候,我们不会一次只体验一种情绪,而是各种情绪混杂在一起,同时出现。比如孩子把玩具弄坏时,可能既内疚,又难过,还有一点生气,这么多情绪混杂在一起,对孩子来说很难理解。

因此,我们要借助情绪卡片先让孩子弄清楚每一种情绪是什么样的、叫什么名字,以此来提升他感知和控制情绪的能力。

如何获取情绪卡片呢?对于基本情绪,如开心、难过、生气、害怕等,可以在网上找一些表情包,或者经典的人物表情,配上文字后打印出来,也可以在网上购买现成的情绪卡片,搜关键词"情绪卡片"就可以找到。

准备好卡片后,具体该怎么玩呢?这里介绍三种方法。

方法一:

卡片正面朝下,随机抽出一张后翻开,可以先请孩子猜猜这是什么表情,如果猜不到,就把卡片上的情绪词语念给他听,然后和孩子一起模仿卡片上的表情。

比如抽到的卡片是"难过"的表情,模仿的时候可以皱起眉头,嘴角向下弯。还可以对着镜子做表情,看看你和孩子谁模仿得更像。

方法二:

卡片正面朝下,你抽出一张,注意别让孩子看到,然后做出卡片上的表情,让孩子猜一猜这是什么情绪。完成后和孩子交换,他抽卡片,你来猜情绪。

这个游戏比单纯模仿表情更难。猜的一方要仔细观察对方的面部表情和肢体语言，解读其中的情绪信号。表演的一方则要把自己置身于这种情绪中，捕捉到情绪的典型特征，用表情和动作表达出来。不管孩子是游戏的哪一方，都能在这个过程中加深对情绪的理解。

方法三：

卡片正面朝下放，大家轮流抽出一张，说说自己在什么情况下会有这种感觉，或者最近一次体验到这种感觉是什么时候，具体发生了什么事。

比如孩子抽到了"害怕"的卡片，可能会说"晚上一个人睡觉，我会觉得害怕"，又或者说"前几天打雷的时候我很害怕"。

这个游戏的作用是把具体的事件、情境和情绪联系起来。一方面，能帮助孩子回忆和理解各种情绪；另一方面，还能让他明白情绪不是凭空产生的，而是由一些具体的原因导致的。这有助于他理解自己和他人的感受，培养共情能力。

以上是情绪卡片的三种使用方法，卡片小巧、易携带，不仅可以在家玩，外出时也可以带在身边，随时随地帮孩子积累词语，提升对情绪的理解。

4.4.2 训练察言观色的能力

过去，人们评价一个人情商高，会用"察言观色"这个词。通过观察别人的表情，聆听他的话语来揣摩这个人的情绪和想法，是很有道理的。

同样地，想要培养孩子的共情能力，就要训练他"看表情、猜心情"的本领。具体看谁的表情呢？我推荐三类对象，分别是绘本、动画片和路人。我们一个个往下看。

首先是绘本。相信很多妈妈有陪孩子读绘本的习惯，不过大部分时间，我们的阅读重点都在文字和故事情节上，喜欢从书的第一页读到最后一页，一字不差，对吗？但其实，绘本除了具有故事情节，可以丰富孩子的语言外，还有很重要的情商培养功能。

想要实现这一点，只需要改变一下读绘本的方式。读到主人公有明显的情绪感受时停下来，引导孩子观察人物的表情，猜一猜他此刻是什么心情，可以用哪些词语来形容这种感觉，又是什么事导致他出现了这样的情绪。

比如绘本《菲菲生气了》，故事一开始，菲菲一个人在玩大猩猩玩偶，心情是平静而愉悦的。直到姐姐把大猩猩抢走，害菲菲摔了一跤，菲菲才变得很生气。在这里，绘本作者用两页的篇幅集中刻画了菲菲生气的表情。

整个背景都是鲜艳的红色，代表着愤怒的情绪。菲菲的脸比例非常大，几乎占2/3的画面。她瞪大了眼睛，张大了鼻孔，嘴巴用力抿紧，头发也气得翘了起来，真的可以用"怒发冲冠"来形容。

这一页就很适合停下来精读，让孩子说一说菲菲现在是什么心情，为什么她会这样认为。还可以猜测菲菲接下来会怎么做，如果换成是孩子，遇到生气的事情，他会想什么办法解决。

这个过程非常重要，不仅能帮助孩子积累情绪词语，学会与故事里的主人公共情，培养控制情绪、解决问题的能力，还能提高孩子提取和理解图片信息的能力，为今后的正式学习打下基础。

除了绘本，动画片也非常适合用来训练孩子的共情能力。在看动画片的时候，我们可以按下暂停键，和孩子讨论人物的表情、动作、当时的情绪、发生的事件，并预测之后的故事发展。

对于年龄较大的孩子，还有一种特殊的观看方式，就是把声音关掉几分钟，通过观察人物的表情和肢体动作，猜测他们在说什么、干什么、当下的感受是什么。

不要小看这种训练方式，有研究发现，很多成年男性在观看影片时，都是借助对话这类语言信息来推测人物的感受和想法的。一旦去掉字幕、关掉声音，他们就很难正确说出人物的情绪。

我们可以借助这种看"哑剧"的方式，锻炼孩子通过非语言信息推测人物感受的能力，提高他对情绪的觉察力和敏锐度。

训练共情能力的第三种方式也非常有趣，那就是观察路人。带孩子外出，需要长时间坐车、排队、等待时，就可以和他玩这个游戏，既能打发时间，又能提高情商。

你只须在周围选定一个观察的对象，通过他的表情、动作、环境，让孩子猜一猜他在干什么、想什么、心情如何。

比如一个人坐在餐厅门口，左顾右盼，还一直看手机，可能他正在等人，有点着急和不耐烦。

一位妈妈表情严肃，一直在和孩子说话，嘴巴动得很快，孩子低着头，沉默不语。那很可能是妈妈在批评孩子，妈妈非常生气，所以语速很快。孩子低着头，可能是因为害怕，或者内疚。

经常带孩子练一练，观察绘本、动画片和路人的表情和动作，察言观色的本领就这么练出来了。

4.4.3 陪孩子玩假装游戏

从 2 岁起，很多孩子会自发地开始玩假装游戏，也就是我们常说的"过家家"游戏。他们会假装空杯子里有牛奶，假装自己是妈妈，小熊玩偶是宝宝，假装宝宝生病了，带他去打针。这一系列的假装游戏看似只是对成人世界的简单模仿，却暗藏着孩子实现自我发展的无穷智慧。

假装游戏有非常多的益处。

首先，孩子在扮演某个角色时，需要努力猜测这个角色的特点、感受和想法。例如：扮演医生，就要沉着冷静，像个大人一样；扮演打针的小朋友，就要装出害怕的样子。这对孩子来说是培养同理心的好机会。

其次，假装游戏中有很多象征和假装的成分。比如用积木代替面包，用手帕代替被子，围上围裙就是妈妈，系上领带就是爸爸。这种用一个物品象征另一个物品或全新的形象的过程有助于发展孩子的符号功能、抽象思维和创造力。

最后，假装游戏一般都是多人参与的，要么一群小朋友在一起玩，要么家长和孩子一起玩，这给孩子创造了沟通、合作、社交的机会，对语言能力、社交能力和情商的发展都有促进作用。

所以，孩子小的时候，我们要多陪他玩假装游戏。游戏过程中可以加入一些情绪词语，引导孩子关注角色的内心感受。上幼儿园后，可以提供场地和道具，邀请小伙伴来家里，和孩子一起玩假装游戏。

4.4.4 给孩子表达爱的机会

先问你一个问题,作为孩子的保护伞,当你疲惫、难过、害怕的时候,你会把自己的感受诚实地告诉孩子吗?

相信很多父母的回答是"不会"。父母最大的美德就是隐忍和付出,再苦再累都不愿委屈孩子,总是尽自己所能,把最好的东西留给孩子。但从情商培养的角度来说,父母把自己的感受隐藏起来,永远把孩子放在第一位,并不是一件好事。这很可能会导致孩子自私、冷漠,对他人的情绪不敏感,以至于很难被他人接受。

教孩子共情最好的方法无外乎两个:其一,父母要对孩子共情,给孩子做学习的榜样;其二,要让孩子对父母共情,让他有机会换位思考,练习新学到的技能。假如我们在孩子面前永远都是"好好的",不会难过,不会受伤,不会遇到困难,他又怎么能看到你真实的情绪和需求,怎么会主动关心你呢?

就拿孩子走路要抱来举例,孩子累了想要抱抱,这是很正常的需求,假如我们精力充沛,抱得动孩子,当然可以满足他,让他轻松一点。但如果我们自己也很累了,这时候就不提倡勉强自己,坚持抱孩子。

一方面,我们在极度疲惫的情况下很容易情绪失控。你咬着牙,坚持把孩子抱回家,可他转头就自己去玩了,对你没说一句关心的话,你很可能会责怪他自私、不懂感恩,这对孩子来说是很不公平的。

另一方面,这原本是教孩子换位思考的好机会,你却什么都不说,用自己一厢情愿的"牺牲"浪费了孩子学习关心他人、与你联结的机会,岂不是很可惜吗?

所以，为了孩子的长远发展，请你不要勉强自己做出牺牲，诚实地告诉孩子："你很累，走不动了，对不对？妈妈也好累，抱不动你，我们一起想想办法吧。"

你可以和孩子休息一会儿，等体力恢复了再走，也可以和他商量，抱一段，走一段。我一般会在这时候要求小样亲亲我："妈妈没有电了，你亲我三下，给我充点电吧。"之所以要求孩子这样做，是想让他学会表达爱和感谢，这一点很重要。

此外，你还可以用玩游戏的方式激发孩子的内在能量，让他自己走。比如学小兔子蹦蹦跳跳走，学大象跺着脚走，或者通过比赛看谁先跑到前面的某个地点。总之，要让孩子明白两点。

第一，他很棒，只要坚持一下，就能自己走很远的路。

第二，他会累，妈妈也会累，所以大家应该互相照顾和体谅，而不是只考虑自己的感受。

以上四个培养共情能力的方法，你学会了吗？希望在你的用心培养下，孩子能成长为一个善解人意、温暖贴心、受人欢迎的小棉袄／小暖男。

4.5 别把共情变成溺爱

虽然前面提到共情对孩子的成长，尤其是情商的发展有很多益处，但我们也要警惕，不要把共情错当成溺爱。

有些家长误以为共情就是接纳孩子的一切，当孩子哭闹、发脾气、在地上打滚，甚至做出过激行为，如打人、抢玩具、扔东西，他们仍然选择包容孩子，没有任何批评与制止，这不是共情，而是无原则的纵容。

我们要弄清楚一点：孩子的情绪没有对错，但行为是有对错之分的。愿望得不到满足时，孩子会生气、懊恼，这很正常，但选择用什么样的方式把情绪表达出来，就很关键了。

我们要教孩子用健康的方式表达情绪，比如，用语言描述自己的感觉，找个角落安静地待一会儿，做点自己喜欢的事来调节情绪，但绝不能纵容孩子用伤害自己、他人或者物品的方式随意发泄情绪。

共情之后应该教孩子如何解决问题。共情不应该只有认同情绪的部分，不是让孩子发泄完情绪就完了，还应该包含对情绪表达方式的引导，以及对不良行为的约束。假如家长不做这些引导工作，孩子永远也学不会怎么和自己的负面情绪相处。

就像心理学家约翰·戈特曼说的那样："如果家长只是打着无条件包容的名义，纵容孩子随意发泄情绪，实际上会给孩子带来极大的恐惧，就像在情感痛苦的无底洞中挣扎，丝毫不知道该如何从中解脱。"

如果你真的爱孩子，就不要在他发泄情绪时做个安静的旁观者，勇敢地站出来帮助他吧。

还有一类家长把共情当成了同情，他们对孩子充满了怜悯之心，一看到孩子哭就心疼得不得了。只要孩子掉眼泪，什么规矩、原则通通都不重要了。

这种想法也是很危险的。就好比孩子尝过一次酒，觉得好喝，你明知道酒精会损害他的大脑，影响他的智力发育，难道会因为他哭着恳求，你就心软让他继续喝酒吗？

我们不会因为孩子哭就损害他的身体健康，也同样不能因为他哭而损害他的心理健康。难过也好，害怕也好，每种负面情绪都有它存在的意义。即使我们现在能用各种方法"治好"孩子的眼泪，给他打造一个心想事成的童话世界，等他进入学校，踏入社会，遇到各种挫折、打击、不如意时，还是得接受现实，勇敢面对各种不开心、不舒服的感受，而那时，我们就没办法再保护他了。

为了孩子将来能更好地、独立地生活，能坦然地应对和处理各种负面情绪，我们现在就要把握每一次机会，让孩子感受生气、难过、害怕、无聊等情绪，学习安慰自己，调节情绪，用健康、积极的方式表达和释放情绪。

孩子有了你的理解、支持和帮助，就会变得很强大、很勇敢。

第 5 章 规则和自由，两者可以并存吗？

要不要给孩子制定规则？规则对孩子的成长是好还是坏？关于这些问题，家长们一直是有争议的。

有些家长认为，"没有规矩，不成方圆"，为了孩子能够品行端正，适应集体生活，当然要给他制定规则了。不然什么事都由着他的性子来，不就没大没小、无法无天了吗？

也有的家长认为自由是孩子的天性，不应该用规则束缚孩子，限制他的自由，而且就算定了规则，谁能保证孩子就一定会遵守呢？特别是有些家庭，父母中有一方特别宠溺孩子，另一方管孩子时就会遇到很大的阻碍，一心为了孩子好，还反被孩子讨厌，很伤大人的心。是不是给孩子定规则就一定会破坏亲子关系，让孩子疏远我们呢？

这一章，我们就来解答与规则相关的问题。我会从科学的角度告诉你，规则不仅不会限制孩子的自由和天性，反而能给孩子带来真正的安全感，同时促进其智力、情感和社会能力的发展，可以说是只有好处，没有坏处。

我还会告诉你，为什么你制定的规则孩子总是不当回事，什么样的规则才能真正发挥作用，在约束孩子行为的同时，让他从内心产生认同感，即使你不在身边管着，他也能自律。

5.1 对规则和自由的误解

在很多人眼里，规则和自由互相对立，不可兼得。给孩子建立规则，好像就会剥夺他自由的权利，让他不快乐，这让很多家长不敢管孩子。尤其是当孩子不愿意遵守规则，为此和你反抗、哭闹、发脾气时，你能明显感觉到规则破坏了你们之间原本亲密无间的关系，这对深爱孩子的父母来说是很为难、很痛苦的。

可是我们养育孩子，难道就只是为了让他开心、让他和我们亲近吗？不是的，帮助孩子成长，让他成为一个被社会接受、有能力实现目标、为自己赢得幸福的人，才是我们在他人生初期，在他还能得到我们的保护和帮助时最该做的事。

自由的确会给孩子带来快乐，因为他可以按自己的意志行动，但这也意味着他必须承担由此带来的后果。而这个后果，有时是孩子和整个家庭都无法承受的。

举个例子，我们过马路时都会受到交通规则的约束，看到红灯要停下来，绿灯亮后走人行横道，不能闯红灯，不能随意翻越护栏。从某种程度上来说，交通规则限制了我们随意过马路的自由，但大部分人还是会遵守，因为它保护了我们的生命安全，让交通运行更高效、更有秩序。

如果有人执意要闯红灯，这是他的自由，但同时他也得为自己的行为买单，可能只是被交警拦下来罚款，也可能会不幸遭遇交通事故，付出惨痛的代价。

这就是规则的意义，也许会损失一点点的自由，却能在更大程度上保护我们，让我们受益。

孩子也是一样的，必须遵守各种规则才能平安、顺利地长大。有些规则是大自然定下的，比如生活在地球上就会受到引力的束缚，如果从很高的地方跳下去，就可能会受伤甚至死亡。有些规则是国家定下的，比如不能偷东西，不能打架斗殴，否则可能会受到法律的惩罚。

还有很多规则必须由家长制定。比如：要按时吃饭，按时睡觉，以保证孩子的身体健康；外出时必须牵着大人的手，不能随便乱跑，这样才能保护孩子的生命安全；不能打人、骂人，不能抢别人的玩具。遵守这些社会规范，孩子才能更好地适应社会，顺利地与他人交往。

这些规则看似会限制孩子的自由，实则能给他更大意义上的自由，去帮助他实现自己的人生目标。

很多孩子没有大人的约束，为所欲为，看起来好像很自由，但他们的内心却是不快乐、不踏实的。因为他们看不到四周的边界，也无法预知自己的行为会带来什么后果。同样是抢玩具，家人的反应可能是纵容，可是到了游乐场、幼儿园，却会有很多大人跳出来指责孩子，严厉地抢回玩具，这种不一致的反应会让孩子很困惑、很恐慌。

如果你真的爱孩子，想让他快乐地成长，就尽早在家庭这个可控的范围内，把他当作一个社会人，将他需要遵守的行为规范教给他，这样等他走出家门，踏入学校和社会，他周围的环境还会是安全的，他仍然能看到别人的微笑，受到大家的欢迎。这正是规则代替我们给孩子提供的保护。

5.2 规则能促进孩子大脑的发育

如果你以为规则的作用只是约束孩子的行为，让他听我们的话，那就太小看规则了。虽然在不少人的观念里，遵守规则总是和死板、木讷联系在一起，但从脑科学的角度来看，拥有遵守规则的能力其实是一件很了不起的事。

人类进化了几百万年，才让大脑拥有了遵守规则的结构——前额叶皮质。这可以说是人脑中最聪明的部分了，我们分析，判断，思考，决策，做计划，解决问题，控制注意力、意志力、情绪和行为，靠的都是前额叶皮质。

想让孩子遵守规则，不乱发脾气，学习时专心，想要一样东西时可以耐心等待，愿意为了长远目标而牺牲现在的舒适，在学习、社交、工作等多方面取得成就，就要重视对前额叶皮质的训练。而为孩子设定合适的规则，并帮助他遵守，就是一种有效的训练方式。

因此，神经心理学家阿尔瓦罗才会说："在教育领域，设限是促使儿童成长的关键。"

一个孩子如果没有规则意识，对自己的行为没有任何控制能力，只能按本能行动，别说是成才了，适应社会都会成问题，这一定不是家长想看到的。所以，就像运动能增强孩子肌肉的力量、提升体能一样，我们也可以用规则来训练孩子的前额叶皮质，提升他的智力和自控力，为他今后的人生做好准备。

规则的作用除了前面提到的能给孩子提供保护和安全感，帮助他适应社会、发育大脑外，还有很重要的一点，就是让他看到这个世界本来的样子。

当孩子还是小婴儿时，大人总是对他有求必应，他的需求几乎都能得到满足，那时他不会理解什么是规则、什么是限制。直到有一天，父母告诉他"不能碰插座，不能打人，不能乱扔东西"，他才慢慢知道，原来世界上没有"心想事成"这件事。有些事不可以就是不可以，就算父母很爱我，就算不能做这些事会让我很难过，不可以还是不可以。

这种经历和认知的变化，对孩子来说是很宝贵的财富。他会在接受规则的过程中学习如何与失望、无奈相处，在控制自己行为的过程中建立信心。他还会明白规则只是规则，不是对他的否定或攻击，也不会影响父母对他的爱。他甚至能拓展思维，学会解决问题，用遵守规则的方式达到目的。这一切的好处都始于你给孩子设定的规则。

5.3 为什么你定的规则，孩子总是不当回事？

现在，你准备好给孩子制定规则了吗？我们一起来看看想要让规则发挥效果，必须遵守的四大原则吧。很多时候，规则之所以管不住孩子，让孩子钻了空子，可能是因为家长的做法违背了以下四条原则。

5.3.1 规则要少，才能发挥作用

给孩子定规则时首先要把握好度，不要管得太多，更不要什么都管，否则就会产生"超限效应"，引起孩子的反感，这和古人常说的适可而止、过犹不及是一个道理。

很多时候,孩子不愿意遵守规则,不是规则本身出了问题,而是我们管得太多了。就拿吃饭这件小事来说,饭桌上,你是不是经常对孩子说下面这些话?

"好好吃饭,不要玩勺子。"

"快点吃,别磨蹭了。"

"不要一直把饭含在嘴里,快点咽下去。"

"不准挑食,不可以把食物吐出来。"

"跟你说了多少遍,吃饭的时候要坐好,脚不要乱踢。"

虽然上面这些话中每一句都没有问题,但加在一起就容易让人反感,一句都不想听。别说是孩子,就是我们大人吃饭的时候被这样管着,也会心情不好,只想赶快逃离。

想让孩子好好吃饭,其实只需要定一条规则:吃饭的时候坐在位置上。至于吃什么、吃多少,快快嚼还是慢慢咽,用手抓还是用勺子,在孩子还没有养成定点吃饭的习惯前,都可以睁一只眼,闭一只眼。我们有的是时间慢慢改变孩子,真的不必急于一时。

生活中的其他事情也是一样,与其要求很多,孩子一条都做不到,不如只要求最重要的一条,努力把它做好。

《爱和自由》一书中有一段话,我特别赞同:"心理学里面有一个说法,就是不建立规则就等于暴力。因为不建立规则的话,权力就掌握在了大人的手里。你就会依照你的情绪、你的看法来对待孩子。"

仔细想想,真的是这样。我们心情好时,孩子做什么都可以原谅;心情不好时,孩子做什么都是错。看似没有给孩子定规矩,却处处都是规矩。这不是为了孩子好,而是为了图方便,让他无条件服从我们而已。

孩子都是渴望独立、渴望自主的。如果我们压制得太多,他就会把原本用来成长的能量都用在和我们对抗上,造成两败俱伤的局面。

所以,在管教孩子前,请克制自己想要控制一切的欲望,花点时间想清楚,哪些规则对孩子的成长最重要。把这些规则列出来,删减再删减,然后明确地告诉孩子,我们希望他怎么做。

当我们的规则变少、变清晰,对孩子的其他行为多一些包容后,孩子也会少一些叛逆,多一些顺从。

5.3.2 全家人共同遵守,规则才有说服力

在很多家庭中,规则都有一个特点,就是只针对孩子。

孩子不能玩平板,我们却可以无限制地刷手机,熬夜到天亮。

孩子要好好学习,上各种培训班,我们却可以从不看书,整天追剧、玩游戏。

孩子不能贪心买玩具,我们买起东西来却从不心疼钱。

当我们只给孩子立规矩时,他就能轻易识破我们的小心思,想让他遵守规则比登天还难。但这并不是孩子的错,而是因为在我们的大脑里住着一群调皮的"镜像神经元",它会让我们无意识地模仿别人。

比如交谈中的两个人,一个人交叉双臂,不一会儿,另一个人也会做出同样的动作。我们看美食节目时,看到别人大快朵颐,即使自己不饿,也会翻箱倒柜找点东西来吃。

同样地,孩子看我们玩手机,想发脾气就发脾气,晚上熬夜不睡

觉时，他们也会不自觉地模仿我们的这些行为，就像他模仿我们说话、穿衣服、交朋友一样，这是一种本能，也是孩子赖以生存的学习技能。

就像孔子说的那样："其身正，不令而行；其身不正，虽令不从。"想让孩子遵守规则，我们就要以身作则，给孩子树立一个好榜样。当规则变成全家人的行为规范，不再只针对孩子一个人时，他就能欣然接受，不再对规则那么反感了。

5.3.3 有规则就要有后果，不能轻易妥协

给孩子立规则时家长最容易犯的一个错就是光会嘴上耍狠，却从来没有行动。

有多少父母对孩子说过："再不听话，就让警察叔叔把你抓走！"第一次听你这么说时，孩子吓得信以为真，可两次、三次、很多次后，他就会发现这只是一个谎言，警察根本不会来。

想要让规则发挥作用，对孩子有约束力，后面就必须跟着后果，否则就只是唬人的把戏。

举个常见的例子，孩子在游乐场打了人，如果你只是温柔地跟他讲道理，告诉他以后不准打人，那他下次一定还会打人，因为在孩子的大脑中，"打人"这个行为已经和好的结果联系起来了，他不仅用打人的方式达到了目的（如拿到想要的玩具），还得到了妈妈的温柔关注。

一旦孩子的某个行为和好的结果联系起来，就会在大脑中得到强化，使这个行为以更高的频率出现。说得直白点，你其实是在鼓励孩子打人。

想要改变孩子打人的行为,就得用制定规则的方式,把打人和不好的结果联系起来。你可以在孩子第一次打人时就告诉他:"如果再打人,就不可以在这里玩,要马上回家。"

如果过了一会儿,孩子又打人了,你就要立刻带他回家,并且明确地告诉他:"因为你打了人,所以我们要说到做到,不能再在这里玩。"

不管孩子怎么求饶,怎么保证他一定不打人了,你都不能心软,必须让他承担违反规则的后果。这样,孩子才会明白违反规则是有后果的,妈妈是说话算数的。

至于他的认错和保证,你可以对他报以信任,但不是用打破规则或对他妥协的方式,而是下一次再给孩子表现的机会。你可以告诉他:"妈妈相信你以后不会再打人了,所以我下次还会带你过来玩,但今天我们必须马上回家。"

这种失望、后悔的经历对孩子来说是很好的学习机会,比你说100遍威胁的话更有用。

不过我们一定要警惕,后果不是惩罚,而是孩子违反规则时自然会发生,或者在逻辑上很有可能会发生的事。后果必须合理,才能让孩子认同规则,而不是产生逆反心理,宁愿被惩罚也要和你对着干。

关于为什么不能惩罚孩子,规则和惩罚有什么区别,我们会在下一节详细解释。

为了便于理解什么是合理的后果,我举几个例子。

比如前面提到的,孩子在游乐场打人,或者抢玩具,欺负其他小朋友,因为他的行为伤害到了别人,影响了游乐场的秩序,所以我们带他离开是很合理的。大人在公共场合做一些违反秩序、伤害他人的事,同样会被警察带走。

孩子扔玩具,或者不愿意收拾玩具,合理的后果可以是没收玩具半天,因为我们要保护玩具,维护家庭环境的整洁。假如孩子不能爱惜玩具,玩完不愿意收拾,妨碍到全家人(踩到玩具会受伤,看到杂乱的环境会不开心),我们有理由没收玩具。

不过要注意,不要没收太长时间,那会超过孩子的忍耐范围,或者他干脆就忘了这个玩具。另外,如果你直接把玩具扔了,或者打孩子屁股,就不算是合理的后果,而是把情绪宣泄到了孩子身上,这不仅无益于他遵守规则,还会对他造成伤害。

尽管对于遵守规则来说,合理的后果很重要,但我们仍要注意,不要借此威胁、吓唬孩子。如果孩子在违反规则前,你就已经警告他"玩完玩具要收拾,不然我就没收",那这已经不是后果,而是威胁和惩罚了。你的态度会让孩子反感、失望、充满戒备,让他不愿意遵守规则。

我们一定要记住,我们的目标是帮助孩子成长,让他成为更好的人,而不是滥用权力控制孩子,或者发泄不满的情绪。即使孩子违反了规则,我们也仍然是站在他这边的,要理解他的失落,帮助他下一次更好地遵守规则。

你可以找个安静的时间,坐下来好好思考什么样的后果是合理的,是能够帮助孩子改变的,把它们写下来,在孩子违反规则时告诉他,解释给他听,这样能避免孩子犯错时你冲动地惩罚他。假如孩子再次违反规则，你一定要坚定地执行后果，不能妥协。

其实，抛开规则，生活中你对待孩子的每一件事都应该是说到做到、绝不食言的，这样，孩子才会对你充满信任，你说的话才会在孩子心里有分量。

5.3.4 平静而有爱，孩子才能愉快地接受

最后一条原则是我们在执行规则时一定要注意自己的态度，不能太严厉，不能说侮辱、伤害孩子的话，更不能用幸灾乐祸的态度嘲笑他。你的态度越平静，孩子越有可能保持冷静，理解和接受你定的规则。

想象一下你正在做一份复杂的工作，非常需要集中注意力，这时候，什么样的情绪最能让你保持良好的工作状态呢？一定不是紧张、害怕，也不是生气、难过，对吗？我们的心情越平静，理性脑越能发挥作用，帮助我们处理复杂、有难度的任务。

孩子在遵守规则时同样需要保持平静，这样他的理性脑才能占据主导地位，控制他的情绪和行为。因此，我们要控制自己的态度，不能因为生气、激动而干扰孩子的情绪。

比如你规定孩子每天只能看一小时电视，可是时间到了，他仍然没有动静，你一般会怎么做呢？

是批评他："怎么回事？时间到了，还在看电视，你怎么这么不自觉啊！"说完继续忙自己的事，10分钟后回来，看到孩子还在看电视，对他特别失望。

还是走过去把电视关了，把遥控器一扔，对孩子大吼大叫，甚至动手打他。

又或者，你可以平静地关掉电视，用轻松的口吻说："看电视时间结束，要不要和我玩个游戏？"

我想，你已经猜到上面三种做法中，哪一种孩子会更配合你。当你一边指责，一边纵容孩子时，他不会把规则当一回事。

当你的态度很不友好，甚至打骂孩子时，他的内心会非常受伤，对你产生怨恨，既不会反思自己的错误，也不会认同你定下的规则，当然就更不会遵守它了。即使迫于你的压力暂时遵守，也只是做给你看的。你一离开，规则又会被打破。

只有当你平静、坚定地要求孩子遵守规则，同时帮助他、信任他时，他才会把规则内化，即使你不在，他也会用同样的标准来要求自己。这也是为什么我在一开始会说，规则对孩子只有好处，没有坏处，只要我们用正确的方法制定和执行规则，就不会破坏亲子关系。

5.4 别把规则当成惩罚

最后我们来谈谈，为什么不能惩罚孩子，规则和惩罚有什么区别。

在我身边，很多家长支持"惩罚"这种管教孩子的方法，因为在孩子小的时候，惩罚可以让我们看到明显的短期效果。某种意义上，惩罚也给了我们一个机会去发泄对孩子的失望和不满，可是从教育孩子的角度来看，惩罚不仅没有任何效果，还有很多可怕的副作用。

5.4.1 惩罚没有任何教育意义

惩罚只是让孩子为自己的错误行为付出代价，却没有让他获得任何正面的东西。

就拿打人来说，不少父母会生气地打回去，想要用这种方式让孩子体会被打者的痛苦，可是孩子领会不到这一点，他只看到了大人可以打人，却不允许他打人。当孩子再次遇到相似的情境，想要表达愤怒，或者得到自己想要的东西时，由于父母没有教给他处理这些问题的方法，所以他仍然只能靠打人来解决。

孩子小的时候，可能还会因为对惩罚的恐惧，在父母面前克制自己的行为。一旦惩罚的次数多了，孩子的年龄大了，惩罚就失去了效果，很难再约束孩子。

5.4.2　惩罚让孩子觉得自己没错

我们以为孩子会害怕惩罚，可事实上，很多孩子是渴望被惩罚的，因为惩罚能抵消他们内心的愧疚感，让他们觉得自己没错。

尤其是当我们用打骂、关禁闭等严厉的方式惩罚孩子时，他们不仅不会反省，还会在内心自我辩解："我不就是打了别人一下嘛，又没有怎么样，爸爸妈妈就这么凶地对待我，真是太过分了。"

他们甚至会觉得，接受惩罚是一种勇敢的表现，在心里给自己打气："我不怕疼，你怎么打我，我都是不会认错的。"

孩子比我们更清楚，除了打骂，大人已经拿他没办法了。表面上是挨打的他吃了亏，但在孩子心里，他却赢得了和父母抗争的胜利。我们显然不希望孩子把勇气和韧性用在和我们对抗上，对吗？

儿童精神分析专家塞尔玛·弗雷伯格说过："内疚感对于良知的形成而言不可或缺。孩子的内疚感，也就是他自己对这些行为的道德评判，最终将会在不良行为再次出现时，抑制他想要再次做出这种行为的冲动。"

想让孩子真正自律，无须大人在场也能遵守规则、约束自己，就有必要让他在做错事时体验这种自然产生的内疚感，而不是用惩罚抵消他的愧疚与不安，让他心安理得地继续犯错。

5.4.3 惩罚会让孩子看扁自己

很多家长没有意识到，惩罚会伤害孩子的自我认知，降低他对自己的评价。当你惩罚孩子时，一定会伴随着"任性、自私、懒惰、没用"这些负面、消极的评价。也许你只是太生气了、口不择言，也许你想用打击的方式刺激孩子、逼他改正，但这些评价和标签却会像种子一样，牢牢扎根在孩子的大脑里，影响他今后的每一个行为、决定，甚至人生。

你怎么评价孩子，他就会怎么评价自己。而他如何评价自己，他就会用同样的方式行动和生活。

也许这对你来说有点难以理解。你说孩子笨，是希望他可以学聪明；你说他懒，是希望他能变勤快。然而讽刺的是，他恰恰被你说中了，最终变成你最不希望看到的样子，这在心理学上被称为"习得性无助"。最初，心理学家塞利格曼用狗做实验，研究它们被电击时的反应。结果发现，一开始遭遇电击时无法逃脱的狗，有过几次失败的经历后，即使笼门被打开，在完全可以逃脱的情况下，这些狗仍然选择坐以待毙，趴在地上痛苦呻吟，这就是"习得性无助"。当一个人认定自己会失败时，即使有机会可以成功，他也会拒绝努力。

所以，父母一定要谨慎，要像保护孩子的眼睛一样保护他的自尊，不要随便说他"任性、没用"。不然，他就会主动放弃努力，去扮演你口中的那个角色。

5.4.4 规则和惩罚的区别

最后，我们来看一看规则和惩罚有哪些区别，以便你更好地区分它们，用正确的方式给孩子设定规则，而不是惩罚。

首先，规则是在孩子的行为出现前就制定好的，这样可以更好地预防不当行为的发生；而惩罚是在行为出现后才施加给孩子的，并不能改变孩子的行为。

其次，我们前面提到了，规则是针对所有家人的，比如不能打人，这意味着不仅孩子不能打人，大人也同样不能打人，这体现了规则的公平之处，而惩罚通常是只针对孩子的。大部分家庭中，即使家长做错事，也不会受到惩罚，这会让孩子产生抵触心理，觉得大人很不公平。

最后，规则的设定是为了帮助孩子建立信心，让他在遵守规则的过程中感受到自律和自控，看到自己的进步。惩罚却会不断打击孩子的信心，让他感受到挫败，把注意力都放在自己不好的一面，既疏远了亲子关系，又限制了他的长远发展。

希望读完这一章，你能学会用规则成就孩子，而不是用惩罚伤害孩子。

第 6 章 不吼不叫，也能让孩子听话

想让孩子听话、配合，我们让他干什么，他就马上去做，这对普通家长来说太有挑战性了。大部分情况下，我们叫孩子做每一件事都会充满曲折，孩子不是借故拖延，就是无动于衷，有时甚至还会直接跟我们说"不"。

即使我们用了前面章节介绍的方法，例如和孩子建立联结、对他共情、用规则约束他的行为，想让他乖乖听话、完全按你的要求行动仍然是件很困难的事。

一方面，孩子有了自我意识，有独立的感受和想法，不可能像机器人一样完全听从别人的指令；另一方面，我们总是会不自觉地用大人的姿态，居高临下地对孩子发号施令，这会让他感到紧张、戒备、不舒服。

假如有一台摄像机把我们提要求时的表情、动作拍下来，你就会发现，尽管孩子没做错什么，我们却总是一脸严肃地吩咐他做这个、做那个，孩子稍有拖延，或者做得不符合我们的期望，我们就会很不耐烦，看起来一点都不友好。

所以，想让孩子愉快或爽快地接受我们的要求，我们就得换一种

姿态，用孩子喜欢的方式和他沟通。

这一章，我会分享给你 10 个有意思的育儿技巧，带你走进孩子的世界，用简单、轻松、有趣的方式取得他的合作，不吼不叫，还能让他乖乖配合。

6.1 巧用沉锚效应，让孩子自由选择

在你们家，是不是经常有这样的对话？

妈妈："宝贝，回家要先洗手。"

孩子："不好，我要先玩！"

妈妈："宝贝，该吃饭了。"

孩子："我不饿，我不要吃！"

妈妈："宝贝，到时间睡觉了。"

孩子："不好，我还要看一集动画片！"

每次好好地向孩子提要求，他却总能轻松地拒绝你，让你感到很无奈，对吗？其实同样的要求，只要利用心理学的沉锚效应，换一种问法，孩子就会更容易接受。

什么是沉锚效应呢？在回答这个问题前，我先给大家讲个故事。

有一家汉堡店，店里有两个店员，我们姑且称为 A 店员和 B 店员。虽然顾客点餐时都是随机选择店员的，哪边队伍短就排哪边，但奇怪的是，A 店员每个月的营业额都比 B 店员高。这是怎么回事呢？

店长觉得很好奇，观察了一段时间后发现，原来 A 店员每次给客人点餐时都会这样问："您要加一个煎蛋，还是两个煎蛋？"于是，跟 A 店员点餐的大部分顾客会选择加蛋，只是加的数量不同而已。

而B店员点餐时却只是问:"您要加一个煎蛋吗?"他的客人有的选择加蛋,有的选择不加,因此B店员的营业额自然就不如A店员高。

A店员在这里用到的提问技巧正是沉锚效应。很多人不知道,我们在做决定时很容易受到初始信息的影响。即使这个初始信息和我们的决定没有关系,也会像沉入海底的锚,把我们的想法固定在它附近。

在上面的故事里,A店员把客人的想法固定在1个蛋和2个蛋之间,在客人没有觉察的情况下就影响了他们的决定。反观我们给孩子提要求时的做法,是不是和B店员更相似呢?

比如叫孩子洗手,我们总是习惯用"好不好、行不行"这样的词,孩子会很容易拒绝我们。如果你想得到一个肯定的答复,就要在提问时把两个选项都改成肯定的。比如你可以这样问:"宝贝,你想用肥皂洗手,还是小青蛙洗手液洗手?"又或者问:"你想自己洗,还是妈妈帮你洗?"越小的孩子越容易在你给出的两个选项中做选择。

同样,孩子不肯睡觉时,不要问他:"很晚了,我们睡觉好不好?",而是应该问:"你想听妈妈唱《小星星》,还是《摇篮曲》?"。孩子做出选择后,就可以陪他躺下来,一边轻轻地唱歌,一边帮他酝酿睡意。

在运用沉锚效应让孩子做选择时,要特别注意下面三点。

第一,你不想执行的选项,就不要说出来让孩子选。

有些家长会问孩子:"你想看书还是看动画片?"问完后在心里

默默祈祷孩子会选择看书，以体现他的好学，但令人失望的是，孩子几乎每次都会选择动画片。

期待孩子选择一个违背他天性的答案，其实是我们家长的一厢情愿，不仅容易误导孩子，让他觉得书和动画片必须二选一，不能同时喜欢，还可能会诱导孩子说谎，有百害而无一利。还不如坦诚一点，允许孩子适当地看动画片，同时多花时间陪他读书，培养他对阅读的兴趣。

第二，要保证选项里有一个是孩子喜欢的，不然他很可能会一个都不选。

比如上文提到的小青蛙洗手液，和普通肥皂相比，更能吸引孩子，把它放到选项里，就很容易引导孩子去洗手。

第三，一定要尊重孩子的选择。

例如出门前，你让孩子在两件衣服里选一件，孩子选好后，你就不能说"这件不好看，还是穿那件吧"这样的话，不仅会打击孩子的积极性，也会让沉锚效应失效。

利用沉锚效应让孩子做选择，这个方法之所以很有效，还有一个重要原因是它能满足孩子想自己做主的心理需求。

尤其是 1～3 岁的孩子，在这一阶段的成长任务就是培养自主性。如果我们能给孩子做决定的机会，允许他做一些力所能及的事，经过一段时间的锻炼，孩子不仅能学会照顾自己，为你分担家务，还能培养自信、独立的优秀品质。

生活中，很多和孩子相关的事都可以让他参与并决定。比如第二天要穿什么衣服，我们可以在前一天晚上先选出两套衣服，展开后平放在孩子的床上，让他自己选择一套。因为是孩子自己选的，第二天穿的时候他就会更加配合，不会一直拒绝你选的衣服。

除了选衣服，要读哪本绘本，和大人玩哪个游戏，买什么玩具，选什么牙膏，甚至是周末去哪里玩，想报哪个兴趣班，这些大大小小的决定都可以让孩子参与进来，对于培养他独立、果断的品质都是很有利的。

我不是个果断的人，就算只是买个饮料，我也会犹豫一会儿，纠结到底该选奶茶还是咖啡。表面上我是考虑得太多，导致做决定比较慢，但背后的深层原因却是我不够自信，害怕选错，没有信心承担决策失误的后果。这和我在成长过程中很少自己做决定有很大的关系。

其实选择并不是件容易的事，要在大脑里权衡利弊，分析各种可能的结果，经过一番比较后才能得出最终的答案。同时，选择又是一项很重要的能力。我们每天都要面对很多次选择，小到穿什么衣服、吃什么早餐，大到选专业、选工作、选择人生的伴侣，生完孩子后，选择成为全职妈妈还是重回职场。选择不同，我们的人生轨迹也会变得全然不同。

正是因为选择太复杂，也太重要了，我们才更要让孩子从小练习，培养他做决定、做判断的能力，避免他形成优柔寡断的性格而把决定自己命运的机会交到别人手上。

所以，从今天起，试试沉锚效应，让孩子自己做选择吧！你越知道孩子喜欢什么，把他喜欢的东西加到选项里，这个办法就越有效。

6.2 聪明的替代法,让孩子心甘情愿听你的

在揭秘这个方法之前,先和大家分享一个小故事。

从小样出生起,我就一直坚持让他早睡。有一天晚上,也许是玩得太兴奋了,小样迟迟不肯睡觉,好不容易躺下,他又偷偷爬下床,溜到爷爷奶奶房间看电视去了。

起初,我以为他可能还不困,想看电视就让他看一会儿吧。可是等了很久他也没有回来,我便去爷爷奶奶房间找他。没想到小样说什么都不肯跟我走,甚至还哭了起来。

看看时间已经很晚了,必须带他回房睡觉,我便飞快地思考到底该怎么办。我先是走到床边,张开双手,平静地对小样说:"妈妈有话跟你说,你过来,我不会硬把你抱走的。"

小样犹豫了一下,走到我身边。我拉着他的手说:"宝贝,你是不是很想看动画片?"

小样点点头,哭声小了一些,看来我是问对了。

我又接着说:"可是现在已经很晚了,小猪佩奇和汪汪队都睡觉了,你留在爷爷奶奶房里,也只能看电视剧,看不到动画片。不如我们回房间,我给你唱动画片里的儿歌,好吗?你想听小猪佩奇还是汪汪队的歌呢?"

小样听完安静了下来,想了一下,对我说:"妈妈,我不想听儿歌,我想玩影子游戏。"

"好的,我们玩一会儿影子游戏,然后再睡觉。那你穿好鞋子,我们一起回房间吧。"

就这样，小样和爷爷奶奶说晚安后，拉着我的手回房间了。后来，玩了没多久，他就累得睡着了。

你一定很好奇，为什么小样这么快就同意和我回房间。其实当时我也挺意外的。事后想想，一方面是我说中了他的心声，他留在爷爷奶奶房间是想看动画片的，但并没有看成；另一方面，我用到了替代法，用唱儿歌、玩游戏来代替看动画片，多多少少减轻了他失望的程度，给了他一些安慰。

回想一下，生活中，我们以爱之名、以父母之名，给孩子设了多少限制。不能吃糖，不能看电视，不能乱涂乱画，不能大声喧闹，不能在床上蹦蹦跳跳，不能太晚睡觉……

不管这些要求是否合理、是否有必要，站在孩子的角度，要顺从地做到这一切真的太难了。假如我们能在说"不"的时候，给孩子一个"可以"的选项，那不管是意愿上还是能力上，孩子都更有可能听我们的话。

"虽然不能吃糖，但是可以喝酸奶哦。"

"我们不看电视，妈妈陪你玩积木吧。"

像这样给孩子提供一个替代品，不仅能转移他的注意力，还会让事情看起来积极一些，减少孩子的抵触情绪。

生活中有很多场景可以用到替代法。

不想让孩子吃糖，可以给他一些甜味的零食，比如，酸奶、水果。

不想让孩子看电视，可以陪他搭积木、玩捉迷藏、踢球。对孩子来说，爸爸妈妈的陪伴才是他最需要的。

在餐厅吃饭不想孩子乱跑，就准备一些玩具、画笔，让他可以打发时间。

不想孩子乱扔东西，就给他一些可以扔的软球、沙包，或者玩偶。

不想孩子在墙上乱涂乱画，就给他准备可以用来涂鸦的区域或物品等，比如大的纸板箱、不要的旧床单。

这样的例子还有很多，我就不一一列举了。

总之，当我们不准孩子干什么的时候，就给他提供一个替代方案。不仅能避免孩子情绪波动，让他更平静、更愿意合作，还会让他觉得爸爸妈妈很爱自己，很替自己考虑，这样一来，就能加深亲子关系。

6.3 想让孩子听话，先吸引他的注意力

你是不是经常会碰到这样的情况，不管是叫孩子吃饭、洗手，还是睡觉，每次都要喊上好多遍，他才会有反应，特别让人生气。如果我们叫第一遍的时候孩子就能迅速地配合，我们就不会失去耐心，不会对他大吼大叫了。

那么，你有没有想过为什么和孩子说话，他总是不听呢？就只是因为他不乖吗？如果我们只是简单地把过错都归咎到孩子身上，就很难改变现状。

从儿童的发展特点来分析，孩子之所以"听不到"我们说话，在很大程度上和下面这三个因素有关。

6.3.1 孩子的注意力尚未发育完全

大部分情况下，我们叫孩子的时候，他都正在忙着自己的事，比如玩积木、看动画片。当孩子太过投入时，就会听不到我们的话。

关于注意力，家长有一个误区，就是认为只要孩子够努力，他就能保持专心，这其实是不正确的。注意力的水平与孩子的年龄以及大脑发育程度有很大的关系。年龄越小，注意力就越差，这是儿童发展的客观规律。

就像6个月的宝宝再怎么努力，也没办法学会走路一样。2岁的孩子再努力，他的注意力水平也没办法达到成年人的标准，不可能一边看着电视，一边随时注意周围的动静。

你可能会问，注意力是我们常说的"专注力"吗？从心理学角度来讲，注意力的范围更广，包括稳定性、广度、分配、转移四个方面。

稳定性就是我们常说的专注力，它是指持续地把注意力集中在某件事上的能力。孩子投入地玩玩具，听不到我们的声音，恰恰说明他的专注力是不错的，没有受到我们的干扰。

广度指的是注意力的范围，也就是同一时间我们能够清楚把握住的对象的数量。比如开车时需要眼观六路，耳听八方，同时注意多个对象才能保证驾驶的安全。孩子在阅读、抄写、朗诵时，广度差的孩子一次只能注意一两个字，广度好的孩子却能一次注意四五个字，学习效率就拉开了。

分配可以理解为"一心二用"的能力，指我们把注意力同时分配在几件事上的能力。孩子注意力的分配能力远不如成年人，很难同时进行两件事，所以他在看电视、玩玩具的时候，很难注意到你说的话。

转移指的是把注意力从一件事转移到另一件事上。比如孩子听到你喊他，但要把注意力从看电视转移到别的任务上去，对他而言，这是很困难的。即使他已经答应你关掉电视去洗手，也会因为电视节目的吸引，转头就忘了你说的话。直到你再次喊他，他才反应过来。

上面提到的注意力的四个方面，都会随着年龄的增长而不断提高，我们要对孩子有耐心，不要用超越年龄的标准去要求他。我会在第8章给大家介绍提高孩子注意力的具体方法。

6.3.2 我们叫孩子的方法不当

了解了孩子注意力的特点，我们在叫他的时候就要把握一个原则：想办法吸引他的注意力。

反思一下，我们平时都是怎么做的呢？是不是一边做着家务，一边隔着很远的距离喊孩子？孩子只能听到我们的声音，根本看不到我们的人，这种叫孩子的方式不仅很难吸引他的注意力，还会让他觉得这件事不重要，不然爸爸妈妈为什么不走过来说呢？

想要让孩子对你的话立刻有反应，就要用下面的方式叫他。

首先，你要走到他面前，平视他的眼睛，喊出他的名字，说："宝贝，看看妈妈。"确保孩子把注意力从其他事情转移到你身上。

其次，在他看着你、准备听你说话的前提下，用简洁的语言说出你的要求。尤其是对年龄小的孩子，千万不要对他长篇大论，唠唠叨叨，那样的话，孩子很难抓到你说的重点，可能听了半天都不知道你要他干什么，执行起来当然就大打折扣了。

比如，你要让孩子洗手，那就简单地说："我们去洗手。"类似"马上要吃饭了，别拖拖拉拉的，你看你的手多脏，都是细菌，吃到肚子里会生病的……"这样的话就别说了，不仅容易引起孩子的反感，还会让他听了后面的，忘了前面的，注意力很容易就被其他事情吸引。

最后，给孩子提完要求，别急着离开，可以在旁边站一会儿，等待孩子行动。一方面，你的存在是一种提醒，可以防止孩子的注意力又被电视吸引，忘了你刚刚说过的话；另一方面，也能给孩子制造一些压力，让他明白这件事很重要，妈妈不希望他拖延。

当然，不要像教导主任一样，以监督者的姿态站在旁边，这会让孩子感受到你的不信任，引起他的抵触情绪。对于年龄小的孩子，建议你陪他一起去做你要求的事，比如一起整理玩具，一起刷牙。有你的陪伴和帮助，孩子的完成度会更高。对于年龄比较大的孩子，如果他问你为什么不走，你可以笑笑说："等会儿再告诉你。"等他完成这件事后，可以称赞他："妈妈不走，是想夸一夸你啊。"

6.3.3 自我意识萌发，孩子不想被命令

最后一个叫不动孩子的原因，是他的自我意识开始萌发，想要自己说了算，而不是被迫听你的命令。

很多家长会发现，孩子从1岁半到2岁前后会突然变得倔强起来，不再像以前那么听话、顺从。尤其是态度比较强硬、经常命令孩子的家长，很容易激起与孩子的"权力斗争"，使孩子为了反抗而反抗。

想要解决这个问题，在对孩子提要求的时候你就要表现得友好一些，想办法赋予孩子更多的选择和好处。例如，像洗手、整理玩具这些任务，可以邀请孩子一起做，而不是命令他一个人做。

在提要求的时候，可以运用前面讲过的沉锚效应，给孩子提供2~3个选项，让他可以在你的大框架里小小地做一回主。

你还可以改变一下表达的方式，不要说"你不收拾玩具，就不许吃东西"，这会让孩子感受到威胁。换一个方式，改成"我们收拾好玩具，就可以吃东西啦"，孩子得知收拾玩具对自己有利，自然会乖乖照做，这是不是比你发脾气、吼孩子要省心省力得多呢？

6.4　用好情绪的力量，孩子超配合

很多家长错误地以为对孩子越凶，孩子越怕自己，管教效果就会越好。所以，在很多家庭，父母会一个唱红脸，一个唱白脸，认为总要有一个人让孩子害怕，这样才能镇得住孩子。

从心理学的角度来看，把恐惧变成孩子做事的动力是非常不靠谱的。恐惧不仅会影响孩子的认知和思维，导致他无法发挥潜能，把事情做好，长期来看，还会伤害孩子的身心健康，得不偿失。

想让孩子听从你的教导，确实有一种神奇的方法，就是让孩子快乐起来。要知道，情绪不只是一种主观的感受，更是一种强有力的动力。它能让我们迅速判断人、事、物的重要性，然后推动我们靠近或者远离它。

举个例子，同样一件事，如果是你喜欢的人让你去做，那你一定会充满干劲，尽全力把事情做好，不想让对方失望。但如果是讨厌的人让你去做，比如经常刁难你的领导，那你一定会非常不乐意，想尽办法拖延，更别说做好它了。这就是情绪施加在我们身上的魔力。

从这个例子，我们可以看出情绪有积极、消极之分。积极情绪，如高兴、喜悦，会增加我们行动的动力；而消极情绪，如恐惧、厌恶，则会让我们拒绝和回避。

知道了心理学的这个原理，我们在让孩子做事的时候，就要充分调动他的积极情绪，让他开心起来。具体来说，你可以利用下面的方法，把要做的事和快乐的事联系起来。

6.4.1 奖励一个有趣的活动

第一个方法是用有趣的活动吸引孩子，这其实是一种精神奖励，不仅能避免物质奖励（零食、玩具）的危害，还能增进亲子关系。

在我们家，每次小样玩得正尽兴，不想刷牙、睡觉的时候，我就会对他说："如果你比我先进房间，乖乖刷牙，我就陪你玩影子游戏。"说完后，我会故意走得很慢，小样则会开心地跑进房间，坐在床上等我。对他来说，他不仅跑赢了妈妈，感觉自己很了不起，刷完牙后还能玩最喜欢的影子游戏，简直开心极了，丝毫不会有抵触的情绪。

你可以借鉴我的方法，把影子游戏换成你家孩子最喜欢和你做的事，比如玩石头剪刀布、听你唱歌、讲故事等。这件事越有吸引力，效果就越好。

6.4.2 做一件搞笑的事

有幽默感的家长总是能很容易地征服孩子。你可能觉得自己一点都不幽默，别担心，想逗笑大人不容易，逗笑孩子却很简单。

比如，小样早上不想起床，我从来不会硬叫他，而是故意做点搞笑的事。一边给他穿裤子，一边说："这是你的左手，这是你的右手，我要把它们穿进袖子里。"小样一听，妈妈连手和脚都分不清楚，就会咯咯地笑起来，高兴地起床。

故意说错话、做错事，把手说成脚，把脸说成屁股，假装摔一跤，把孩子的脚丫当成电话，还有怪腔怪调地学机器人、小丑、动物说话，都是逗乐孩子的好方法。他们只要一开心，就会变得超级配合，一定要试试。

6.4.3　说一句感谢的话

如果某一天，孩子很配合地照你说的去做，记得一定要对他表示感谢，不要把这当成理所当然的事。你的一句由衷的"谢谢"不仅能拉近你和孩子的距离，还能让他感到满足，体会到自己的价值，今后做这件事时他也会更愿意配合你。

小样有时候很乖，上床后就安静地躺下，不吵也不闹，这时候我会对他说："宝贝，谢谢你今天这么乖，安安静静地睡觉。这样妈妈就可以快点完成工作，早一点休息，妈妈要谢谢你。"

这时候，小样也会说一些很感动我的话："妈妈，谢谢你陪我玩，我爱你。"那一刻，我真的会湿了眼眶，感谢小样来到我身边，让我体会到爱和被需要。

相信我，这些感谢的话，你和孩子听多少遍都不会厌，你会看到最温暖、最纯粹的感情在你和孩子之间流动。

6.4.4　不吼孩子就是好的

有些时候，孩子可能因为心情不好而变得特别固执，就是不肯听话，这时候你一定要记住，只要能忍住不对孩子发火，那就是好的，因为我们起码没有用消极情绪增加孩子做事的阻力。

我们可以暂时离开一会儿,做几次深呼吸,平复一下自己的情绪,也可以把教育孩子的责任放一放,偶尔让他晚睡几次,体验一下早上没睡饱的疲惫感,又有何不可呢?

孩子成长中的很多事,我们越上心,越逼着孩子去做,他们就越找不到内在的动力,不如真的放手,让他们体验一下后果,担负起自己的责任,孩子反而会变得独立、懂事。

我们自己也要放轻松,开心一点。只要能做到不吼不骂孩子,保持情绪的稳定,就已经前进了一大步。

6.5 给孩子讲道理,从提升认知力开始

先问你一个问题,你觉得跟孩子讲道理有用吗?

我身边不少家长认为,和孩子讲道理是最没用的,还不如打骂、惩罚这些方法有效。

虽然我并不赞同打骂和惩罚孩子,但过去我确实觉得,对年龄较小的孩子来说讲道理是没什么用的,因为他们的语言能力有限,无法理解我们说的话。相比之下,好像还是让孩子做选择,用有趣的东西吸引他这些方法更有效。

不过后来,我学习了更多儿童心理学的理论后发现,我以前对"讲道理"的看法还是太片面了。如果能用符合孩子年龄的方式去讲道理,提升孩子的认知能力,即使是对小一点的孩子来说,讲道理也可以发挥作用。

我们都希望孩子最终能从他律变为自律,不用我们监督和提醒也能管好自己。要做到这一点,就必须让孩子发自内心地认同我们。所以,

给孩子讲道理时，一定不能只用语言说教，这对孩子来说太抽象了。借助各种资源把道理形象地展示出来，才能让孩子真正地理解、认同和记忆。

下面，我以培养洗手、刷牙这些卫生习惯为例，分享如何借助绘本、视频、博物馆这三种常见资源，生动地给孩子讲道理。

6.5.1　给孩子读科普绘本

催促孩子洗手、刷牙的时候，我想你一定说过下面这样的话。

"不好好洗手，会把细菌吃进肚子里。"

"不认真刷牙，细菌会在牙齿上钻洞，让你牙疼。"

虽然我们总是用"细菌"吓唬孩子，可是孩子真的明白"细菌"是什么吗？在他们的脑海里，"细菌"可能只是一个复杂的抽象名词，就像我们听到陌生领域的专业词汇一样，大脑里不会有任何反应。

因为孩子不了解细菌到底是什么、长什么样、会对身体产生什么影响，所以，当我们搬出细菌给孩子讲道理时，他是没有感觉、没有认知的。

心理学研究发现，我们在说服别人时，相比复杂的专业词汇，令人熟悉的、易懂的表达会更有说服力。而对孩子来说，最简单、最受欢迎的表达方式就是图画和故事。

因此，如果你想培养孩子的健康习惯，希望他能自觉地洗手、刷牙，不用你每天催，不妨挑几本科普绘本，用看图画、讲故事的方式帮助孩子理解什么是细菌，它会如何影响我们，怎么做才能保持健康。孩子知道得越详细、越清楚，越能靠知识的力量约束自己。

就拿小样来说，因为从小读了不少和细菌有关的绘本，他知道细菌会粘在牙齿上，尤其是吃过糖果、冰淇淋、饼干这些黏糊糊、甜滋滋的东西，细菌就更容易附着在牙齿上，腐蚀牙齿的表面。想要赶跑它们，就得及时刷牙或者漱口。所以，每次吃过蛋糕，小样都会喝点水漱漱口，给他刷牙的时候，他也会很配合，让我帮他刷得干净一些。

就算有时候他顾着玩，不想马上刷牙，但只要我说"没有客人了吗？那我下班喽，今天晚上细菌要在你的牙齿上睡觉喽（假装我是专门给小朋友刷牙的阿姨）"，小样就会马上去刷牙，因为他的脑海里已经浮现出细菌捣蛋的画面了。

6.5.2 给孩子看科普类视频和动画

除了绘本之外，科普类视频和动画也是帮孩子提升认知能力的优质资源。

我身边有不少家长很排斥给孩子使用电子产品，怕他们会上瘾。限制孩子对电子产品的使用，这本身没有错，但家长往往只限制时间，不限制内容，把平板、手机交给孩子后就让他们随意浏览，其实这才是最危险的。

一方面，孩子过早、过度地观看小视频，玩手机游戏，不仅会破坏宝贵的专注力，还会接触到一些不健康的内容，对心理造成影响。

另一方面，没有大人的刻意引导，会浪费很多给孩子增长知识、开阔眼界的机会。就拿前面提到的"细菌"来说，在视频网站输入关键词，就能找到很多有益的科普类视频、动画和纪录片。

给孩子观看这些内容，不仅能让他直观地看到细菌长什么样、有哪些不同的种类、分布在人体的哪些部位、有益还是有害，还能在孩子的心里播下一颗好奇的种子，激发他去探索和学习。

有一次，我和小样看了一部细菌主题的视频。视频里，细菌变成了形态各异的旅行者，我们的身体则变成了地球上拥有不同地貌的地理环境。皮肤是干燥的沙漠，鼻孔是潮湿的森林，小肠则是温暖而富有营养的食品加工厂。因为环境不同，所以各个地方居住的细菌也有很大差别。

这个视频以动画的形式呈现，把细菌拟人化，既生动有趣，又能帮助孩子理解。小样看了很多遍，非常感兴趣，也第一次知道原来细菌有好坏之分，好细菌生活在我们的身体里，帮助我们保持健康，而坏细菌则会让人生病。所以，我们要养成良好的卫生习惯，防止坏细菌进入我们的身体。

除了细菌以外，恐龙、太空、发明、人体知识、科学小实验等都是孩子感兴趣的主题，可以定期陪他观看相关的视频类节目，提升孩子的认知层次，这样你和他讲道理时，他就更能够接受了。

6.5.3 多带孩子参观博物馆

古人说"读万卷书，行万里路"，我们除了要陪孩子阅读图书、观看视频、进行知识层面的学习，还要带他走进博物馆，近距离地感受知识在人类社会留下的印记。这种实地参观的感觉，和看抽象的文字、平面的图片是很不一样的。

我曾经带小样参观过上海科技馆，在那里看到了放大后的细菌、病毒模型。这是我们第一次看到细菌真实的样子，没有像绘本里那样画上眼睛和嘴巴。因为真实，所以特别震撼。

在那之后很长的一段时间里，小样聊天的话题都离不开细菌，经常把在博物馆学到的知识讲给家里人听，俨然成了一个小小科普员。洗手、刷牙也比以前更自觉了，基本上不用我催。

这种通过提升认知能力来改变孩子的观念和行为的方法，也可以用到育儿的其他方面。比如：孩子爱吃糖，就给他找一部和糖有关的纪录片，读一读人体健康方面的绘本或图书；想给孩子做科学启蒙，就多陪他看科学、发明方面的视频，参观科技馆、自然博物馆等。

相信聪明的你一定能把这个方法应用起来，从改变孩子的认知开始，借助第三方的资源说服孩子，把他变成一个"知书达礼"的人。

6.6 和孩子玩游戏，轻松激发他的潜力

下面，我想和你分享一个对 2~6 岁孩子特别有用的办法——玩游戏。

"什么，玩游戏能让孩子变听话？"是不是觉得很不可思议？但只要回想一下孩子在玩游戏时的表现，你就能理解游戏为何有这么神奇的魔力了。

举个例子，你和孩子正在餐厅等待上菜，想让他乖乖坐上 20 分钟，几乎是不可能的任务。但只要和孩子玩一个游戏，你们两个人互相看着对方，比比谁能坚持不动，或者忍住不笑，相信孩子保持安静的时间一定会远远超出你的预期，让你刮目相看。

心理学家指出，游戏对儿童来说是非常重要的一类活动，不仅能帮助孩子发展认知能力、人际交往能力、解决问题能力等，还是他们

生活中和吃饭、睡觉同样不可缺少的基本活动，并不像我们以为的那样可有可无。

正是因为游戏对孩子有很大的影响力，所以只要善于和孩子玩游戏，就能轻松让他变听话。下面，我分享三个利用玩游戏让孩子配合你的办法。

6.6.1 让玩具帮你说话

第一个办法是用玩具的口吻对孩子提要求。

每个孩子都有自己最喜欢的玩具。小样3岁的时候，我亲手做了一间手工房子，里面有两只可爱的兔子玩偶，小样非常喜欢它们。

一次，我带小样去商场。吃完午饭，时间已经不早了，我便想赶紧带小样回家睡午觉。可他说什么也不肯回家，看到哪家店摆着玩具，就想进去玩一会儿。

我试了好多办法都没能说服他，突然，我想到他最喜欢的那对小兔子，便对他说："哎呀，小样，我们玩了那么久，家里的两只小兔子还没吃饭呢。我们快回家给它们喂点胡萝卜吧。"

小样一听，立刻着急了起来，放下手里的玩具就乖乖跟我回家了。

后来的一段时间，每次我叫小样做事却又喊不动他的时候，就会搬出这两只小兔子，用它们的口吻和小样说话，效果非常好。

如果你想用好这一招，平时一定要多陪孩子，观察他最喜欢什么玩具或者卡通角色，比如天线宝宝、小猪佩奇、汪汪队的小狗。在孩子眼里，这些角色都是他的好朋友，好朋友的话当然比我们的话更管用啦！

不过提醒爸爸妈妈，再有效的方法天天用也会失效。可别让小猪佩奇一天喊孩子100遍，那样的话，孩子就会看穿你的套路，知道让他做这做那的不是佩奇，而是你。

6.6.2 给孩子一个角色

角色扮演游戏也叫幻想游戏、过家家游戏，是学龄前儿童非常喜欢玩的一类游戏。由于这类游戏有很多假装的成分（假装积木是蛋糕，孩子假装自己是警察），不仅能发展孩子的抽象思维能力、社交能力，以及解决问题的能力，还可以通过虚拟情境，给孩子设定某一个角色，让他听从我们的指令。

比如孩子不肯刷牙，那你可以和他玩"看牙医"的游戏。我们来演医生，孩子来当病人。表演的时候尽量逼真、搞笑一些。

"你好，我是牙医先生，请躺下来，让我检查一下。"

"哎哟，这里躲着一个细菌小子，正在吃你牙齿上的糖，我要赶紧把它抓走。"

像这样一边表演，一边给孩子刷牙，孩子会觉得这是在玩游戏，就会很配合地融入病人的角色里。

假如孩子还是有点抗拒，没关系，你可以给他一个手机，告诉他："这是我们诊所新买的彩色电视，专门给病人看的，请问你想看什么节目？"找一集动画片，让孩子一边看，一边刷牙，就像在牙科诊所时一样。刷完牙后，还可以请孩子到"前台"付钱，欢迎他下次光临。你演得越逼真，孩子就越觉得好玩，越会配合你。

假如孩子吃饭的问题令你头疼，那么可以玩餐厅的游戏。假装你是服务员，孩子是客人，给他倒一杯水，然后拿一个小本子帮他点餐，推荐的菜当然就是家里烧好的那些菜。

孩子要是吃饭太慢或不够专心，你可以假装自己是某种动物，比如小兔子、大老虎，学不同的动物吃饭。孩子会被你感染，也想模仿动物吃饭，这时你就可以让他模仿狮子、老虎、河马这些吃饭特别快的动物。

有一阵子，我们家吃饭的时候只要一说小样是"老虎嘴巴""大猩猩嘴巴"，他就会吃得特别快，没几口就把饭吃完了。为了让他有成就感，我还会特意模仿兔子、山羊这些小动物慢慢地吃饭，故意输给他。

看到这里你是不是会感叹："吃个饭还要陪孩子玩游戏，累不累啊！"其实，你不用每天都这样做。孩子养成习惯后，不玩游戏也会做得很好。只有在他兴致不怎么高的时候，才需要用玩游戏的方式调动他的情绪，提升他行动的动力。

当你认真陪孩子玩时，你非但不会觉得累，还会觉得很开心、很放松，无形中释放掉很多压力。只不过在玩游戏之前，你需要开动一下脑筋，想一想怎么和孩子玩。随着游戏次数的增多，熟能生巧，你会很快变成一个擅长陪孩子玩的游戏王。

6.6.3 唱一首儿歌，轻松把孩子搞定

第三个办法是用唱儿歌的方式调动孩子的积极性。

小样刚上幼儿园那会儿，每天早上都睡不醒，有时还会有起床气。我知道这时候千万不能和他硬碰硬，万一因为讨厌起床而把坏情绪和上学联系起来，那就麻烦了。

所以我用了唱儿歌这一招。方法很简单，随便找一首熟悉的儿歌，把需要小样做的动作用儿歌的曲调唱出来就行。

比如穿衣服的时候，我用了《小手拍拍》的曲调来唱："小手拍拍，小手拍拍，左手在哪里，左手在哪里，把它伸出来，把它伸出来，左手穿好了，左手穿好了。"

只要一听到我唱歌，小样就会睁开眼睛看看我，不仅很配合，还会让我再唱一遍，我们就这样愉快地穿好衣服起床了。

唱儿歌的方法非常管用。孩子天生喜欢音乐，很容易被欢快的音乐感染情绪。只要我们大胆地唱出来，即使是现编的歌词、乱唱的曲调，孩子也会很喜欢。他心情好了，你让他做什么他都会配合你。

以上就是借助游戏让孩子听话的三个方法。虽然一开始，你需要动点脑筋，琢磨琢磨，才知道怎么陪孩子玩，但只要坚持去试，你就会越来越懂孩子，也越来越擅长陪他玩。

6.7 忽视法，最轻松的育儿方法

谁都想拥有一个听话的孩子。倒不是说要他无条件地服从我们，而是当我们提出合理的要求时，希望他能理解和配合，不要和我们对着干。

想做到这一点，有一个非常省力又有效的方法。在分享具体的做法前，我想先讲一个真实的案例。这是我在中科院读儿童心理学课程时，一位教授给我们分享的亲身经历。

有一个男孩上小学四年级，他是班里出了名的"坏学生"，自己不好好学习也就算了，还经常影响其他同学，对老师也非常不尊敬。

没有一个人喜欢他,大家都觉得他永远不可能改变了。但是后来,教授只用了一个方法就令男孩改掉了所有的坏行为。

毕业时,这个男孩早已不是当初顽皮、叛逆的样子。他遵守纪律,把成绩从最后一名提高到了中等水平。毕业那天,他还买了鲜花,写了感谢信,送给曾经帮助过他的老师们,好多人都感动地哭了。

这件事让我们相信,只要有了正确的方法,加上耐心和坚持,连案例中那么顽劣的学生都能变好,更何况是我们自己的孩子。

你一定很好奇,教授到底用了什么神奇的方法。其实这个方法听起来很简单,简单到你还没尝试就会轻易否定它。这也是为什么如此有效的方法,却很少有家长肯去试一试。如果你真的想改变孩子,请一定看完全文,并且把这个方法运用到生活中。

6.7.1 孩子做错事,你会批评他吗?

因为教授用的方法和大部分家长的做法恰恰相反,所以我们先来看看普通家长的做法。

有一位妈妈曾经向我抱怨,说她的孩子从来不收拾玩具。我问她:"孩子不收拾的时候你会怎么做?"

她说:"我肯定会批评他,每次都弄得这么乱,也不知道收拾,我怎么会生出他这么懒的孩子?!"

我又问她:"有没有哪一次你催完后,他就把玩具收拾好了呢?"

这位妈妈说:"好像有那么几次,不过次数很少,大部分时候是我帮他收拾的。"

我又问:"那孩子偶尔自己收拾好,你会对他说什么呢?"

妈妈回答："我会说，你早这样做不就好了，要我催这么多遍，一点都不自觉。"

上面这位妈妈的做法是很多家庭的写照。当孩子不听话，没有按我们的要求做时，我们通常会做两件事。

第一，批评孩子让我们不满意的地方。

第二，当孩子乖乖照做时，我们会说："你早这样做不就好了？"很少会表扬他。

把上面这两件事做180度的调整，就是教授成功改造学生时用到的神奇方法——忽视法。

第一，当孩子有不好的表现时，我们要选择视而不见。

比如男孩上课时喜欢把脚伸到桌子上，很多老师会把这种行为当成不尊重自己的表现，严厉斥责孩子。教授却假装没有看到，根本不去注意他。

第二，当孩子有好的表现时，抓住机会立刻表扬。

男孩有时脚伸累了，会暂时把脚放下来。教授看到后会马上表扬他："你今天坐得很端正，真不错。"

6.7.2 为什么孩子表现不好时要用"忽视法"？

这和孩子对自己的"角色定位"有关。当他有不好的行为出现时，比如，不收拾玩具、上课不遵守纪律，我们的第一反应通常是马上批评孩子，这样做会造成两个我们不希望看到的后果。

第一，我们给了孩子过度的关注。

很多孩子有一种错误认知，觉得父母、老师把注意力放在自己身上,才代表自己有价值,或者得到了关爱。在他们看来,受到批评胜过被忽视和冷落。当我们批评孩子时,恰好满足了他这种"求关注"的心理需求,反而会增加不良行为出现的次数。

第二,批评会导致孩子对自我形成一种负面的评价和定位,也就是我们常说的"贴标签"。

孩子从我们的话语中得知,原来他是个"懒孩子、坏孩子"。当他接受这样的定位后,除了沮丧和失落,不会有任何动力改变自己,就好像在他身上打上了"懒惰、叛逆"的烙印,他今后都会按照这个定位来行动。

因此,对于孩子一般性的不良行为(没有危及生命安全,也不是原则性问题),如果你在此之前已经告诉过孩子你希望他怎么做,而他并没有改变,采用"忽视法"的效果会比批评、惩罚更好。

特别提一句,忽视法也是美国儿科学会推荐的育儿方法。在使用这种方法时,建议你准备一个本子,把孩子某种行为出现的次数记录下来。比如你想改掉他吃手指的习惯,就从忽视他的行为的这天起,把他每天吃手指的次数记录下来。

当你把行为量化后就会发现,虽然表面看来孩子还是在吃手,但其实吃手的频率正在缓慢地下降,证明忽视法是有效的,只是需要时间和耐心。

6.7.3 为什么孩子表现好时,一定要及时表扬?

当孩子出现好的行为时,恰恰是对他进行"强化"的好机会。假如我们能够及时表扬孩子,让他感受到你的认可,他就会更努力地重复这些好行为。可惜很多家长在孩子表现好时并不愿意表扬他们，可能是觉得"我已经催过这么多次了，他早就应该听话的"，又或者认为"孩子做这些是理所当然的，没有什么好表扬的"。

可是站在孩子的角度来看："如果我听话也要挨批评，不听话也要挨批评，那我为什么还要听话呢？随心所欲不是更轻松吗？"

你看不到孩子的努力，他内心的失落感，以及被你批评时情感上的疏离感，这些都会让他不断积累对你的埋怨，最终跟你对着干。

我们应该放下内心的偏见，客观地看待孩子的行为。不管是主动做事，还是我们催促后不情愿地做事，只要是做了，就值得表扬。

表扬孩子的时候一定要用描述性的话称赞他，最好能加上你的感受，不要随便敷衍。

"宝贝，你把玩具收拾得好整齐！全都装进了箱子里，一块都没有剩下。妈妈觉得好开心呀！"

孩子听到你真诚的肯定，即使刚才收玩具时有点不情愿，现在也会很开心。

在之后的几天里，可能孩子只有一天收拾了玩具，没关系，抓住机会表扬他。不断强化好的行为，最终，孩子会把收拾玩具变成一种习惯，不再需要你的催促和监督。

这就是教授分享的神奇方法，忽略坏行为，表扬好行为，是不是很简单呢？只要坚持用下去，你一定能看到孩子的改变。

6.8 做好过渡，治好孩子的磨蹭

这一节，我们来聊聊孩子磨蹭的问题。养育孩子的过程中，最让我们头疼的问题之一就是让孩子停下一件事而去做另一件事。

孩子玩玩具的时候让他出门，难！他看电视的时候让他去洗澡，难！让孩子结束所有活动，乖乖上床睡觉，更是难上加难！就算我们能耐着性子一遍遍地催促孩子，也难保他不会哭闹、发脾气。

其实，孩子磨蹭是有一定客观原因的。

一方面，孩子缺乏时间观念，做事的节奏比成年人慢，不容易有紧迫感。不像大人，一看已经晚上 9 点了，就不由得紧张起来，赶紧让孩子洗澡、睡觉。

另一方面，孩子对注意力的控制能力较弱，很难迅速从一件事转移到另一件事上。同样是关掉电视去洗澡，孩子需要花费比成年人更长的时间才能把注意力从电视节目中抽离出来。当我们强行打断孩子时，他就容易产生情绪。

既然孩子生来就容易磨蹭，而催促、强迫又没有用，我们是不是对此就无能为力了呢？当然不是，我给你准备了三个妙招，如果你用孩子喜欢的方式帮他实现心理上的过渡，就能治好磨蹭，让孩子爽快地去做下一件事。

6.8.1 使用过渡玩具

简单来说，就是让孩子带着正在玩的（或最喜欢的）玩具进行下一件事。比如，孩子正在搭积木，而你想要带他出门，不妨就让他带着积木和你外出。

让孩子继续拿着正在玩的玩具，可以减少"结束"和"分离"的感觉，给他一种心理上的安慰。有些孩子会有固定的安抚物，如从小使用的毛巾、抱着睡觉的泰迪熊。这些安抚物就像是妈妈的替身，能给孩子带来勇气，帮助他适应环境的变化，过渡玩具也能起到相似的效果。

假如孩子接下来要做的事不适合带着玩具，比如，要睡觉了，你怕玩具会让孩子兴奋，影响睡眠，又或者要刷牙了，但带着玩具，孩子没办法刷牙，那就给玩具安排一个"停车位"或"寄放处"。

睡觉时可以把玩具放在床头柜上，洗澡、刷牙的时候，把玩具放在浴室门口的地上，让它们乖乖地等待小主人。有这样一个过渡，孩子会更容易停下正在做的事，不会怎么叫都叫不动了。

6.8.2 巧妙分散注意力

相比成年人，孩子的注意力很容易被分散。我们可以利用这个特点，帮助孩子把注意力从上一件事转移到下一件事上。要用好这个技巧，你首先要清楚地知道孩子最喜欢做什么事，怎样才能让他开心。

举个例子，你和孩子在楼下玩，到了吃饭时间，他也不想回家，这时候，如果你能从口袋里掏出一罐泡泡水（洗洁精加水就行），然后对孩子说："你能把我吹的泡泡都弄破吗？"孩子的注意力就会顺利地被你吸引。你只需要一边朝家的方向走，一边吹泡泡，就能快速地把孩子带回家。

类似的方法还有很多。

一种是把游戏融入孩子即将要做的事情里。就拿我们家来说，想要让小样马上去洗澡，我会提议玩洗澡时才能玩的游戏，像玩泡泡、洗玩具、洗衣服等。如果要催促他睡觉，那就玩在床上可以玩的安静的游戏，比如用手电筒照着墙壁玩影子游戏，或者躺在床上编故事等。

另一种常用的方法是用动作类游戏把孩子吸引到指定的地点。

比如要洗澡了，孩子需要从客厅走到浴室。通常情况下，他会继续坐着玩玩具，不肯站起来，这时候就可以用跳跃游戏吸引孩子："我们比赛，看谁先跳到浴室。"类似地，还可以学螃蟹横着走路，或者在地上放几块积木当作障碍，比赛谁先越过障碍跑到指定地点。

当孩子开心地到达指定地点后，因为已经离开了刚才玩的地方，在空间上结束了上一件事，他通常会愿意进行下一件事，不会再跑回原来的地方。

6.8.3 结束要有仪式感

第三个妙招是让结束变得更具仪式感，这有助于孩子完成心理上的过渡，更配合地去做下一件事。

怎样创造仪式感呢？我们可以借鉴幼儿园老师的做法，当一个活动结束时，固定地播放一段音乐或者儿歌。孩子可以跟着音乐拍拍手、跳跳舞，音乐结束的时候，上一个活动也就画上了句号。为了让效果更好，可以请孩子挑选他喜欢的歌，当作"结束之歌"。

除了用音乐画上句号，我们也可以用特定的"结束动作"来营造仪式感。比如：每次玩完玩具，我们都和孩子一起收拾，将盖上盖子或者把玩具箱放回柜子里的结束性动作留给孩子；看完动画片，把关电视、关平板的工作交给孩子来做；离开房间时，让孩子关灯、关门。

完成结束动作带给孩子的仪式感不仅能帮助他实现心理上的过渡，改掉磨蹭、拖拉的习惯，还会带给他很强的成就感，就好像自己是大人一样。

除了上面介绍的三个妙招，帮孩子设定提醒的闹钟，养成规律的作息也能提升孩子的行动力，帮助他克服磨蹭。

6.9 用视觉化的方法提升孩子的执行力

人是视觉动物，我们获取的信息中超过 80% 来自视觉，可见视觉对我们的影响之大。回想一下减肥的时候，不管你怎么给自己加油、鼓劲，都不如一张变瘦的照片更能激发你的斗志。

可是仔细想想，我们在和孩子沟通，教他学习某项技能，或者给他提要求时，却主要依赖听觉信息，而非视觉信息，这会造成信息传递的低效，增加孩子理解和学习的难度。

说得直白点，孩子不是不想听话，而是没听懂你的要求，没能学会你教他的内容，或者缺少坚持下去的动力，这些问题都可以通过视觉化的方法解决。

6.9.1 让孩子看见自己的任务

想让孩子听从指令，首先要学会怎么给他提要求。要求提得不够具体、不够形象，孩子就容易出现理解上的偏差，很难做到让你满意。

举个例子，有一次，我让老公拿一套小样的衣服放在包里，带去外婆家穿。当时走得急，我就没检查衣服拿得对不对，觉得随便带哪套都没关系，能穿就行。结果到了外婆家才发现，老公只拿了小样的上衣，没有拿裤子，原因是我没有解释清楚"一套衣服"指的是一件上衣加一条裤子。

老公和我争辩，怪我没有说清楚时，我真的是哭笑不得。这个例子恰好说明了语言在传递信息时可能导致理解偏差。

和成年人相比，孩子的理解能力更弱，更不容易接收到我们想传达的信息。因此对孩子提要求一定要说得简单、具体，最好能让他直接"看到"我们的要求和标准，那就一目了然了。

比如让孩子扫地，如果你说"把房间扫一下"，他很可能真的只是扫一下，随便扫扫就完工了，因为他只听到了"扫"这个要求。但其实，我们说的"扫一下"，指的是按一定的顺序，把房间的每个角落都扫一遍，最后把废弃物倒进垃圾桶，把清扫工具放回原处。这一长串的程序和要求才是我们真正想表达的意思。

由此可以看出，不是孩子偷懒不认真打扫，而是我们压根儿没说清楚。想要孩子按照我们的标准打扫房间，光靠说是远远不够的，还需要给孩子演示怎样按照从里到外的顺序扫地，怎么倒垃圾，扫完后把工具放回哪里。只有经过不断的练习，孩子才能真正学会扫地。

对于年龄小的孩子，我们可以只教他"扫"这一个动作。为了让他在扫的时候更有目标，你可以用胶带在地上贴一个正方形，或者用其他方式做标记，告诉孩子要把所有垃圾都扫进这个正方形的区域里。有了视觉上的目标，孩子就能更好地完成这件事。

6.9.2 简化任务，让孩子更容易做到

我们常说"道理都明白，可就是做不到"。在知道和做到之间，其实还有一段很长的距离。当孩子明白了你的要求却还是做不好时，与其指责，不如停下来观察一下孩子是不是遇到了什么困难。找到解决困难的办法，让任务变得容易完成，才能提高孩子的执行力。

比如你想培养孩子收拾玩具的习惯，最好的办法就是给每个玩具

一个固定的位置。乐高积木放在 A 盒子里，橡皮泥放在 B 盒子里。盒子上贴有玩具的照片，让孩子一眼就能认出每个盒子该放什么玩具。这样，收拾玩具的工作就简化成"把玩具放回原来的位置"，这对孩子来说就很容易完成了。

6.9.3 让孩子看到自己的进步

最后，想让孩子持续地把事情做好，把行为变成习惯，很重要的一点就是给孩子积极的反馈，尤其是视觉上的反馈，让孩子直接看到自己的进步。在这里，我想给你分享一个传奇的故事。

曾经有一位股票销售员，他每天的工作就是给客户打电话。电话打得越多，成功的可能性就越大。虽然这个道理大家都知道，但因为打电话太枯燥了，还会遇到很多不友好的客户，所以他的同事们都抱着得过且过的心态，每天打几十个电话应付了事。

只有他不一样，每天都打 120 个电话，一个都不少，就这样坚持了一段时间后，不仅给公司带来了巨大的利润，自己也在事业上得到了很好的发展，不再只是一个普普通通的股票销售员。

很多人不知道，他成功的秘诀其实是一盒小小的回形针。每天开工前，他都会在盒子里放 120 个回形针，打完一通电话，就把一个回形针转移到另一个空盒子里。当回形针全部放完，他也就完成了当天的任务。

这个方法非常聪明，不仅把艰巨的任务拆分成能够轻易达成的小任务，还通过移动回形针的动作持续给自己供积极的反馈，让自己每打一通电话都特别有成就感。我们也可以借鉴这个方法，把视觉反馈的技巧运用到孩子的习惯养成上。

例如，你可以在墙上贴一张行为记录表，纵向是行为，横向是日期，用来记录孩子每天的表现。一开始少列几项任务，避免给孩子太大的压力。

比如你可以给孩子列三项任务：早晚刷牙、收拾玩具、按时睡觉。在表格上画出这三项任务，每天记录孩子的完成情况。完成一次，就在对应位置贴一张笑脸贴纸。

一个星期结束后，让孩子自己数一数这一周他赢得了多少张贴纸。这些贴纸可以兑换成不同的奖励，比如看 15 分钟动画片、去一次博物馆、获得一次特权（由他决定一些事，如晚上吃什么、周末去哪里玩）。尽量给孩子精神上的奖励，不要过度使用物质奖励（零食、玩具、零花钱等）。

使用行为记录表时，孩子可以直观地看到自己的进步，还能用努力换取自己想要的东西，这会让孩子更有目标和动力，有助于他养成好的行为习惯。

6.10　让孩子帮忙，激发他的内在力量

带孩子逛超市，最怕他横冲直撞，跑来跑去，拉都拉不住。忙着做家务没空陪孩子的时候，最怕他突然安静下来，躲在哪个角落闯祸。我们不可能什么都不做，24 小时盯着孩子，当我们有事要忙，没空管孩子时，有什么办法可以防止他捣乱呢？答案就是给孩子指派一个任务，让他帮你的忙。

孩子们熟悉的动画片《小猪佩奇》中，猪爸爸就用过这个方法。

有一次，佩奇一家去逛超市，猪爸爸把乔治放到购物车里，佩奇看到后也想坐购物车，可是她太大了，坐不下，这让佩奇很失落。猪爸爸只说了一句话："但你可以帮忙购物。"佩奇马上就开心起来。之后，佩奇帮爸爸妈妈找到了番茄、意大利面、洋葱等食物，帮忙清点食物的数量，还把它们放进了购物车里，不仅没有因为不能坐购物车而捣乱，还帮了爸爸妈妈的忙，体验到了成就感。

6.10.1 让孩子帮忙的四个好处

很多家长并不愿意让孩子帮忙，认为自己就能把事情做好，而孩子只会帮倒忙，所以在这些家庭里，忙碌、付出的永远是家长，孩子总是闲着没事干，这会让他们感到无聊。希望赢得关注、认为自己没用、不被父母信任，这些心理恰恰会导致孩子发脾气，故意惹麻烦，引发各种不良行为。

我们要清楚一点，让孩子帮忙并不是因为我们真的需要帮助，而是孩子需要这样的成长机会，这对孩子至少有四方面的好处。

首先，让孩子帮忙，给他一个明确的任务，可以把他的注意力从捣乱转移到做贡献上。比如逛超市的时候，如果你让孩子帮你找番茄，装好后拿去称重，他就没有机会乱碰货架，或者跑来跑去了，这会让你省心不少。

其次，帮忙并不是好孩子的专利，越是爱闯祸的孩子，内心其实越自卑、越沮丧，帮忙恰恰给了他一个表现的机会，有助于他看到自己身上的闪光点，帮助他重建信心。当他慢慢认识到自己不是坏孩子，可以帮大人做很多事时，他就会改变对自己的消极评价，通过贡献、合作这些积极的方式来寻求自己的价值，获得满足感。

再次，帮忙给孩子提供了练习的机会。虽然一开始，他可能会越帮越忙，给你增加负担，但是熟能生巧后，他就能真的帮你分担家务，这就是你付出时间和耐心后得到的收获——一个有责任心的好帮手。

最后，让孩子帮忙可以拉近你们之间的距离，让他感受到你的信任。尤其是一开始，孩子做得并不好，甚至不小心把事情搞砸时，如果你愿意再给他一次机会，他会非常珍惜，努力不辜负你。这种尽力把事情做好的动力是非常可贵的。

6.10.2 让孩子帮忙的两种方法

怎么让孩子帮忙呢？给大家分享两种方法。

第一，把你正在做的事情中适合孩子做的任务分配给他。

比如，你正准备做饭，可以让孩子帮你洗菜或搅拌食材，你来做煮饭、切菜这些复杂的事情。这样做的好处是你和孩子处在一个空间，可以避免他离开你的视线范围，防止他捣乱或者发生意外。另外，和孩子从事同一件事可以帮助你们建立联结，增进你们之间的情感交流。

第二，当孩子不愿意做某件事时，想一想如果他做了这件事可以让谁受益，受益者既可以是真实的人，也可以是虚构的对象。

比如小样最开始刷牙的时候不会往外吐水，总把牙膏和漱口水一起咽下去。我就请他把漱口水吐在杯子里，然后用这个水浇花，不然小花就会渴死。小样一听自己的漱口水那么重要，就赶紧吐出来了。

又比如孩子不愿意坐安全座椅，我们可以和角色扮演游戏结合起来，假装他是消防员，请他赶紧系好安全带，这样我们才能出发去救人。

当孩子特别配合做某些事时，你可以对他表示感谢，谢谢他的配合，让你很轻松、很愉快。

人都有利他心理，孩子也一样，能够通过帮助别人感受到快乐，找到自己的价值。用好这个方法，不仅你会很省心，还能帮助孩子建立信心，学会做贡献，成为一个乐于助人、受人欢迎的人。

第三篇

聪明的孩子这样培养

第7章　想让孩子变聪明，就要像学习一样去玩耍

你支持孩子玩耍吗？

上小学前要不要让孩子尽情地玩耍？关于这个问题，存在着两种对立的观点：一种观点是玩就是浪费时间，为了孩子今后的发展，应该让他多花时间学习；另一种观点是玩是孩子的天性，能给他带来快乐。现在竞争压力这么大，上学后就没机会玩了，应该趁小的时候让孩子尽情地玩，给他一个快乐的童年。

虽然这两种观点代表了大部分家长的想法，但其实两者都不正确，都不利于孩子的长远发展和幸福。

首先，玩游戏不是浪费时间，而是促进孩子大脑发育和各方面能力发展的重要途径。对儿童来说，玩就是最好的学习。只是因为这种学习方式和成年人不同，才常被误以为玩是没有意义的。

其次，很多推崇"快乐教育"的家长其实并不知道什么才是有价值的玩耍，也不会在游戏中引导和支持孩子。结果孩子不仅没能从游戏中体会到成就感和真正的快乐，还因为错误的游戏方式错失了发展能力的机会，只体验到了无聊、空虚和挫败感。

在这里要特别强调，本书中所指的游戏不包括看电视和在电子设备上玩游戏，而是指像搭积木、玩过家家、做手工这些传统意义上的游戏，只有后者才能真正促进孩子的成长和智力发育。

这一章，我会结合儿童心理学的理论，告诉你为什么游戏对儿童如此重要，应该怎么陪孩子玩，具体玩些什么。

7.1 会玩的孩子更聪明，这是有科学依据的

我在中科院学习游戏的相关理论时，有一题是这样的。

一群家长围在幼儿园的"一周活动安排表"前，看到孩子的大部分时间用来做游戏，觉得这样学不到东西，很浪费时间，想要找老师问清楚。老师要运用游戏发展价值的理论向家长解释为什么玩游戏是有价值的，对孩子到底有什么用。

看到这道题时，我当时的第一感觉就是这个问题太接地气了。很多家长无法理解玩到底有什么用。尤其是大班的孩子，即将面临幼升小的转折，把玩的时间拿来学习知识，打好基础，岂不是更好吗？

家长之所以会有这样的困惑，除了升学压力，还有一个重要原因就是不了解儿童的发展特点和学习方式。成人的学习方式是阅读、记忆、刷题，但孩子不同，他们的抽象思维能力还没有发展起来，因此必须借助游戏这种形式来获取经验、形成概念、学习解决问题。

对孩子来说，游戏就是学习，是他们发展一切能力的基础，和吃饭、睡觉一样不可或缺。假如孩子不能尽情地玩耍，最终会导致什么后果呢？

科学家用老鼠做了这类实验，结果发现剥夺游戏会导致大脑发育

的延迟，而当那些因为不能玩耍导致大脑已经出现损伤的老鼠重新开始玩时，它们前额叶的某些受损部分竟然神奇地自我修复了！

出于道德因素的考虑，剥夺游戏的实验当然不能在孩子身上进行。不过换个角度，让孩子充分地玩耍后，他们会变得更聪明吗？这个实验倒是有科学家做过。

研究人员找来一群四五岁的小朋友，把他们分成三组。每组都要解决一个相同的难题：坐在位置上，把远处的粉笔从盒子里拿出来。当然，小朋友和粉笔的距离远远超过了他们手臂的长度，用手够是肯定够不到的，必须借助工具。

第一组小朋友在实验开始前拿到了几根不同大小的木棍，自由地玩了10分钟。在这个过程中，研究人员没有给出任何提示。

第二组小朋友在实验开始前观看研究人员演示如何连接木棍，把盒子里的粉笔钩出来。

第三组小朋友既不能提前玩木棍，也不能观看演示，只能靠自己解决问题。

你猜，哪组小朋友最厉害呢？

第三组小朋友几乎都没能解决问题，说明这个任务确实很难。

第二组小朋友观看过演示，已经提前知道解决问题的方法，他们有的一次就成功了，其余孩子则在失败了一次后，很快就放弃了挑战。

最令人意外的是第一组小朋友，他们虽然一开始束手无策，却非常有韧性，努力尝试了各种方法，最终想到把刚才玩过的木棍连接在一起,去钩远处的粉笔,不仅解开了难题,甚至比第二组小朋友表现更好。

这就是玩的价值,给了孩子充分的探索与自主学习的机会,让他在面对问题时更有创造力,也更有坚持到底的毅力。这不正是我们这个时代最需要的宝贵品质吗?

7.2 孩子用游戏来发展自己

看完上面的两个实验,你是不是对游戏刮目相看了呢?

苏联心理学家维果茨基说过:"游戏是幼儿的主导活动。"这就像学习是小学生的主导活动一样。它不仅在所有活动中占据最重要的地位,还会直接影响孩子的身心发展。

在6岁前,孩子各方面的能力,包括家长们最关心的认知能力,都要依托于游戏这种形式才能得到发展。不让孩子玩,整天把他关在家里背古诗、认字、做数学题,不仅无法让孩子赢在起跑线上,还会影响他的大脑发育,给他未来的学习拖后腿。

下面,我们就来具体了解一下,游戏对于儿童发展最重要的三大功能。

7.2.1 让孩子头脑聪明,写字好

玩游戏的第一个好处,就是促进孩子身体动作和技能的发展。

当孩子还是婴儿的时候,他会自发地蹬腿,把小手塞进嘴里。大一点,他会练习爬行、走路。2岁后,他开始玩追逐打闹游戏,喜欢爬家里的沙发,走在路上也总是蹦蹦跳跳的。

这种自发的运动和游戏能够帮助孩子锻炼肌肉,发展技能,提升

大动作和精细动作的能力。因为运动时激活的脑区和负责认知功能的脑区在很大程度上是互相重合的，所以孩子运动身体时，也在活动着大脑。

精细动作，也就是手指、手部的活动对大脑发育的促进作用更显著。孩子用手摆弄玩具、搭积木、捏橡皮泥，看似只是在玩游戏，其实都是在锻炼大脑，为将来的学习、写字做准备。

假如这些练习不是通过有趣的游戏，而是用枯燥的训练（如练字）来代替的话，孩子能坚持多久呢？

7.2.2　提升孩子的认知能力

游戏的第二大功能是促进孩子认知能力的发展。比如孩子搭积木时可以学到形状、颜色等概念，培养空间感、创造力和解决问题的能力，这比较好理解。

但你可能不相信，玩游戏还能促进孩子抽象思维和数理逻辑能力的发展。发展抽象思维最典型的一类游戏就是假装游戏，心理学家称之为"象征性游戏"，它还有一个你熟悉的名字，那就是"过家家"。

2岁孩子就会自发地开始玩这类游戏。他们会拿一根长条形的积木假装打电话，把橡皮泥做成面条，喂玩偶吃，还会在玩偶身上盖一块手帕，假装是在哄宝宝睡觉。

当孩子能够"以物代物"，用一件物品代替另一件物品时，就是在创造和使用符号，并逐渐发展出抽象学习的能力。要知道孩子上学后学习文字和数学，也都是在学习符号，这不就是通过游戏打基础吗？

再说一下家长格外关心的数学学习。我们可能从孩子两三岁起就开始教他数数，希望他在上小学前能工整地书写数字，并能做简单的加减法。在我们的观念里，这才是正儿八经的学习，和玩游戏完全是两码事。

可是亚利桑那大学教授拉纳尔德，一位专门研究幼儿数学思维发展的专家告诉我们："玩对孩子的数学思维发展极为重要，因为数学知识的本质在于讨论物体之间的关系，这种知识是无法靠听别人说就可以懂的。"

这让我想到很多妈妈在辅导孩子做加法题时的无奈。我们觉得1+2=3是多简单的题啊，记住就可以了，可为什么教了这么多遍，孩子还是会反复做错呢？原因正是孩子玩得不够，缺少实际操作的经验，导致他很难理解这个抽象的等式到底代表什么含义。

假如另一个孩子经常玩橡皮泥，他把橡皮泥搓成一个个小球，当成面包卖给他的动物玩偶，他就更容易理解加法等式的含义：我卖给小兔子1个面包，卖给小熊2个面包，一共卖掉了3个面包。

现在，你还会觉得过家家是小儿科的游戏，对孩子的智力发展一点用都没有吗？

7.2.3 让孩子人缘好，情商高

玩游戏还有一个好处，就是促进孩子情绪和社交能力的发展。

这点其实也很好理解。除了年龄较小的孩子在玩游戏时会各玩各的，也就是心理学常说的"平行游戏"。稍大一点的孩子和爸爸妈妈或者小伙伴一起玩的时候，彼此之间都会有互动与交流。

不管是想加入游戏、交换玩具、一起搭建一个作品，还是解决游戏中的冲突和分歧，孩子都在练习表达和沟通，学习并采用一些社交策略。这些经验的积累和能力的提升没办法靠大人教会，只能在人与人的互动和交往中获得。

除此以外，孩子还可以在游戏中宣泄负面情绪，应对成长中的挑战，找回自信和勇气。

比如孩子不适应幼儿园的生活，我们光靠讲道理是没用的，但可以模拟幼儿园的情境和孩子玩假装游戏。爸爸妈妈假装是孩子所在幼儿园的同学，或者让孩子扮演老师。

在游戏中，孩子可以决定游戏情节的走向，克服恐惧，和假想的小伙伴交朋友。我们也可以通过扮演的方式，把想教给孩子的社交方法演示给他看。通过这样的表演和练习，孩子能找回自信和掌控感，回到幼儿园后，也可以把游戏中学到的东西运用起来，解决在幼儿园遇到的问题。

以上就是游戏对儿童发展最重要的三大功能，希望家长能重新看待玩这件事。就像婴儿只能喝奶，无法吸收其他食物的营养一样，游戏也是0～6岁儿童学习和发展的主要方式，能为他们提供最需要的养分，就让他们在这个年龄尽情地玩耍吧！

7.3 陪孩子玩的四大原则

我们常说要高质量地陪伴孩子，同样是陪孩子玩，陪的方式不同，最后达到的效果也会天差地别。

有的家长盲目地给孩子买玩具，陪伴的时候总是强迫孩子听自己的，不仅扫了孩子的兴，也剥夺了他自由探索和学习的机会。有些家长却很会陪孩子玩，即使是普通的玩具，或者生活中随处可见的物品，都能玩出不同的花样来，让孩子真正受益。

这一节，我们就来看看陪孩子玩的时候需要注意些什么，怎样才能让孩子越玩越聪明。

7.3.1 让孩子做计划或选择

不管是游戏还是学习，想让孩子真正地投入其中，发挥他的主动性，我们就要后退一步，让孩子成为领导者。

有研究发现，相比别人要求做的事，孩子会更专注于自己主动选择的事。而和没有计划的孩子相比，有计划的孩子在玩游戏时目的更明确，专注时间也更长。因此，让孩子在游戏前想一想他要玩什么、怎么玩，这一点很重要。

对于年龄较小的孩子，如果他说不出要玩什么，可以给他提供两个选择："你想涂涂画画，还是玩过家家？"这样他就能参与做决定了。

对于3岁以上的孩子，可以引导他做一个简单的计划，说一说想玩什么游戏，需要准备哪些东西。即使一开始孩子的表达很简单，只是说"想画画"，或者指一指皮球，那都没关系，至少他已经有了思考的过程和自己的想法，我们只需要对他的计划表现出感兴趣就可以了。

经常让孩子做主，而不是由我们来安排活动，孩子不仅会对自己的兴趣、想法更加清晰，做事有更强的主动性和目的性，也会越来越果断，敢于做决定。

7.3.2 给孩子充分的自由，不轻易打扰

孩子专注地玩耍时，只要是安全的，家长就不要轻易阻止和打扰。

回想一下，你有没有在孩子玩水时怕他弄湿衣服或弄脏地板而阻止他？有没有在孩子不按你的想法玩玩具时打断他或纠正他？有没有在他玩得正投入时不停地给他送水、喂水果，让他休息一会儿？

如果你知道孩子不是在瞎玩，而是在学习和研究，你还会这么轻易地打断他吗？

记得小样2岁的时候，有一天晚上，他突发奇想擦起鞋子来。一开始用湿巾擦，擦完所有鞋子，发现湿巾已经很脏了，他又放下湿巾，换了块抹布继续擦。擦完所有鞋底后，他又开始擦鞋子的内侧。

看小样那么认真，我便耐着性子在一旁观察他，没想到擦鞋这件小事，他干了整整半个小时。如果不是游戏的魔力，一个2岁的孩子怎么可能专注这么久呢？

我们都知道专注力是一项宝贵的品质，会直接影响孩子的学习成绩。当孩子投入地玩游戏，沉浸在自己的世界中时，就是在训练自己的专注力，在高度集中地观察、思考和分析。如果这时候你因为一点小事打断孩子，分散了他的注意力，就像是用一把剪刀把他的专注时长剪断了，把可以专心20分钟的能力缩短成只能专心5分钟，想再变回去就很难了。

所以下次孩子在专心玩的时候，你不妨试着在一旁安静地观察他。你一定会惊讶地发现，他竟然可以专心那么久，玩出那么多花样。

7.3.3 大人陪着玩，孩子更聪明

有研究发现，大人的积极参与和耐心引导可以提升孩子的游戏技巧，促进他们认知能力的发展，帮助孩子达到稍稍超过目前能力的水平。

这一点其实和上面的"不打扰"原则并不矛盾。当孩子专注时，我们不要轻易打扰。但当孩子玩不出什么新花样，显得有些无聊时，我们可以适当地给他一些启发，引领他在新的高度下继续当前的游戏。毕竟成人的知识和经验总是比孩子的丰富得多。

举个例子，有一次小样用橡皮泥做面条，玩做饭的游戏。他做好后照例拿来给我"吃"。我"吃"完他做的面，除了和平时一样表示好吃外，还加了一句："我没吃饱，还想吃一碗。"

小样思考了一下，蹦出一句"重新来过"，便重新开始做面条、煮面，然后端给我"吃"。这一次，我假装只"吃"了一半，就对他说："妈妈吃不下了，剩下的该怎么办？"

小样想了一会儿，回答我："放冰箱，明天吃。"接着，他走到冰箱前，真的把没吃完的"面"放进冰箱最下面的抽屉里了。

那时候小样只有 3 岁，因为我的一句"没吃饱"或"吃不下了"，他就开动脑筋思考怎么解决这些新问题，把简单的做饭游戏玩出了新的情节和变化，也延长了他在这个游戏中的专注时间，这就是大人起到的指引作用，帮助孩子提升了游戏的复杂性。

7.3.4 游戏种类要丰富

很多家长存在一个误区，觉得玩具越多越好，越贵越好，其实真

正决定玩具价值的是它的丰富性和留给孩子探索、想象的空间。

玩具的种类不同，带给孩子的体验和刺激不同，对认知、运动、情绪、社交等能力的提升程度也是不同的。最可惜的就是家长花了很多钱，给孩子买了一堆玩具，却都是同类产品。

想要让玩具和游戏发挥最大的价值，就要让孩子玩得丰富、多样、适龄。有些玩具甚至不用花钱买，像肥皂水、纸板箱、家里现成的蔬菜水果、锅碗瓢盆等，都可以成为有趣、益智的高质量玩具，帮助孩子全面发展。

7.4 这样陪0~1岁的宝宝玩

说完了游戏对孩子的好处，相信很多家长对于"游戏"这个词还是没什么概念，不知道应该陪孩子玩哪些游戏、具体怎么玩。接下来，我会详细介绍适合不同年龄孩子玩的游戏，以及这些游戏的功能和作用。

首先是适合0~1岁宝宝玩的游戏，因为不同月龄的宝宝在动作、认知、语言等方面的能力差距较大，所以分成三个阶段介绍。

7.4.1 0~3个月的宝宝

宝宝出生后的3个月内，我们给他最好的陪伴就是：

（1）充满爱意的眼神和微笑。

（2）身体上的接触，包括拥抱、爱抚、亲吻等。

（3）温柔的话语声。

这些爱的表达和互动能帮助宝宝建立安全感，让他把能量都用在成长和发展上。

有些新手妈妈会犯难:"我微笑地看着宝宝,然后呢?我该说些什么?做些什么?"最简单的方法就是把我们正在做的事讲给宝宝听。

比如,给宝宝换尿布,你可以说:"妈妈在给宝宝换尿布呢。小脚抬一抬,把屁股擦干净,是不是很舒服?"给宝宝洗完澡,你可以说:"妈妈给你涂香香。小脸涂一涂,脖子涂一涂,小肚子也涂一涂。"

这些话是妈妈充满爱意说出来的,而且和正在做的事有关,所以对宝宝来说格外有益。这不仅能增进亲子关系,加深宝宝的记忆,还能为之后的语言发展、认知发展做准备。

除了多陪宝宝说话,下面这些玩具和活动也很适合0~3个月的宝宝玩。

(1)可以握在手里,摇动时能发出声响的手摇铃。

(2)给宝宝唱儿歌,播放音乐。

(3)宝宝平躺时,在他的上方悬挂一些有颜色的小球、布条,既可以让他做视觉训练,又可以鼓励宝宝伸手够。

(4)不同材质的物品,像柔软的手帕、玩偶、光滑的木制玩具等,可以用来给宝宝做触觉训练,同时吸引他的注意,帮他练习"趴"的姿势。

(5)彩色书籍和卡片。妈妈可以抱着宝宝一起看,也可以陪宝宝一起趴着看,锻炼颈部和背部的肌肉。

7.4.2 4~7个月的宝宝

这一阶段,宝宝在认知能力上会有很大的飞跃,所以玩的内容也会更"高级"。家长可以多陪宝宝玩下面三类游戏。

（1）感官游戏

感官游戏能刺激宝宝的视觉、听觉、嗅觉、触觉、味觉，让宝宝的感官更敏锐，同时对认知发育和精细动作发育也很有好处。

这类游戏准备起来很简单，在确保安全、卫生的前提下多给宝宝提供一些可以探索的材料就好。比如，将不同颜色、触感、味道的食物处理成片状、细条状或泥状，防止宝宝被噎到。不管是又长又薄的胡萝卜皮、洗干净的小苹果，还是往米粉里加一点水，都可以变成宝宝的玩具，让他自由地探索。

我们可以把不同气味的食物装进瓶子里，让宝宝闻一闻，训练嗅觉的敏感度。我们还可以把不同材质的东西，比如豆子、大米、纽扣等装进瓶子里，盖紧盖子后摇动一下，就能听到不同的声音。这类感官瓶除了能帮宝宝做感官训练，还能锻炼他的抓握能力，吸引他做翻身、坐、爬等大运动。

（2）学习"物体恒存性"的躲猫猫游戏

我们熟悉的躲猫猫游戏不仅是宝宝的最爱，还能帮他提升记忆力，学习"物体恒存"的原理。什么叫"物体恒存"呢？就是指一个东西离开了我们的视线，虽然我们眼睛看不见它了，但它仍然是存在的。这对宝宝来说可是一个"智"的飞跃。

在宝宝两三个月时，如果你当着他的面把东西藏起来，宝宝不会主动寻找，因为他以为东西消失了，没有了，干吗还去找呢？

等到宝宝6个月左右，你再跟他玩这个游戏，他就会左看看，右看看，努力去找这个东西，因为他开始明白东西只是被挡住了，并没有消失不见。要去哪里找这个东西呢？当然就要靠宝宝的记忆力啦。

躲猫猫有非常多的玩法。我们可以用手把自己的脸挡起来，一边说"我在这里"，一边把脸露出来。可以当着宝宝的面，拿枕头把玩具遮起来。等他大一点，我们还可以躲在窗帘、门的后面，故意露出身体的一部分，让宝宝很容易就能找到我们。这个经典的躲猫猫游戏不管玩到多大，宝宝都不会玩厌的。

（3）学习因果关系的游戏

这个阶段的另一个发展点就是宝宝开始学习因果关系。比如宝宝吃辅食的时候喜欢扔食物、扔勺子。他并不是在故意捣蛋，而是在观察和做实验：原来松手后食物就会掉下去，还会发出声音，改变形状。这个过程对宝宝来说太有趣了，因此他会找各种东西重复这个"扔东西"的实验。

面对宝宝的探索行为，我们可以在吃饭的时候把报纸铺在地上，方便之后的清理，同时反复告诉宝宝："食物是用来吃的，不可以扔。"

我们还可以在游戏中为宝宝创造探索的机会，让他当一回"小小科学家"。比如把纸杯叠起来，让宝宝用小球把杯子撞倒，既锻炼了运动能力，也给了宝宝探索因果关系的机会。

准备一个鞋盒，在表面钻洞，再找一些不同颜色的绳子，每根绳子穿过两个洞，在两端打结固定，这样宝宝就可以玩"抽拉绳子"的游戏。用力一拽，绳子变长了，在另一端轻轻一拉，绳子又变短了，是不是非常有趣呢？

给宝宝一口旧锅，再找几把不同材质的勺子（木勺、铁勺、塑料勺等），通过敲击发出声响，不仅能让宝宝体验到自己对外界的影响力，还是一种很不错的音乐启蒙方式，有助于宝宝分辨不同的声音，学习节奏感。

7.4.3　8～12个月的宝宝

这个阶段宝宝的手部精细动作迅速发展。如果你留心观察，会发现宝宝到了这一时期格外喜欢捡小东西。他捡东西的方式也有了变化，从用整个手抓慢慢过渡到用大拇指和食指捏。

要知道在动物界，即使是像大猩猩这么高智商的动物也只会一把抓，做不到用两个手指"捏"，说明捏是高度精细的动作，不是随随便便就能做到的。因此，当你看到宝宝捏起地上的小东西时，千万别急着嫌脏，而是应该认真夸一夸宝宝的进步。

因为精细动作能力和宝宝的大脑发育有着很密切的关系，所以宝宝能坐起来之后，一定要多陪他玩需要动手的游戏。

（1）给宝宝一把勺子，再准备像大米、豆子、毛球这样的小东西，让宝宝把东西从一个碗舀到另一个碗里。

（2）用完的卷筒纸芯不要扔，可以用胶带将其固定在墙上，就像一个个的隧道，宝宝捏起小球放进卷筒纸芯的上端，小球就会从纸芯的下端掉出来。

（3）在鞋盒的盒盖上剪出不同大小的孔，再给宝宝不同尺寸的积木，宝宝把积木放进对应尺寸的孔里，放完后只要打开盒盖，就能在盒子里找到刚才玩过的积木，重复这个游戏。

（4）除了捏细小的物体，宝宝还喜欢把东西从容器里倒出来，再放进去。这不是宝宝调皮，而是他到了空间敏感期。可以准备一个篮子和若干玩具，让宝宝玩"放进去、倒出来"的游戏。

（5）在纸盒上钻洞，把吸管插进去，请宝宝帮忙拉出来，也是很有趣的精细动作游戏。建议使用粗一些的没有尖头的吸管，确保游戏的安全，玩的时候大人一定要陪在宝宝身边。

（6）除了上面这些精细动作游戏，还可以给宝宝玩有按键的玩具、单块带手柄的拼图，用大块的积木玩堆叠游戏，自己用手拿水果条吃，和爸爸妈妈一起看图画书、听音乐等。

7.4.4　陪宝宝玩的四个关键点

分享了那么多有趣的游戏，我再给大家总结四个陪宝宝玩的关键点，提升陪玩的质量。

第一，1岁前，父母一定要多亲、多抱宝宝，用爱的语言去滋养他。放心，宝宝不会被你宠坏，只会在你的呵护和关注下健康成长，让大脑得到更好的开发。

第二，要注意观察宝宝的兴趣点。当他很认真地看一样东西时，就是你"借题发挥"，和宝宝聊这样东西的最好时机。宝宝越专注，他在认知和语言上的收获就越多。

第三，模仿宝宝发出的声音，和他交流。即使宝宝还不会说话，只是发出咿咿呀呀的声音，你和他轮流发声的方式也同样可以促进他语言的学习，增进你们之间的情感交流。

第四，上面介绍的游戏，爸爸妈妈要和宝宝反复玩。不用担心宝宝会厌烦。比起成人，孩子更喜欢重复，也善于在重复中学习，增进理解和记忆。

7.5 1~3岁孩子最需要玩的五类游戏

1岁后，随着孩子运动能力和智力的提升，他们可以玩的游戏种类也越来越丰富。下面跟大家分享这个阶段一定要玩的五类游戏，如果你家孩子只玩过其中的几种，那就玩得太单一了，这对大脑发育以及各方面能力的均衡发展是不利的，一定要尽早改变这种情况，才能为之后的学习和生活做好准备。

7.5.1 身体运动游戏

很多家长认为，搭积木、玩拼图能让孩子变聪明，而跑跑跳跳、爬上爬下好像就和聪明没什么关系了，这其实是个很大的误会。科学研究发现，运动对孩子大脑和智力的发育起着非常明显的促进作用。

一方面，孩子运动时激活的脑区有很大一部分与认知功能的脑区相互重合，运动与学习并不是相互独立的，运动可以提升大脑的功能，对学习有促进作用。

另一方面，运动能改善孩子的血液循环，增加对大脑的血液和氧气供应。虽然大脑的重量只占体重的3%，但血液消耗量和耗氧量都达到了20%以上。经常运动的孩子脑部的血液和氧气供应更充足，大脑的工作状态更好，头脑自然更灵活。

法国科学家就曾做过运动和学习方面的研究，他们找来1~6年级的学生，一组参加额外的体育运动，另一组不参加。结果发现，虽然参加运动的孩子花在学习上的时间变少了，他们的成绩却比不运动的孩子更好，是不是很意外呢？

这个研究告诉我们，与其让孩子花大量时间学习，降低大脑的工作效率，不如加强体育运动，劳逸结合，让孩子以更好的状态学习。

对于 1 ~ 3 岁的孩子，他们本就处于活泼好动的年纪，喜欢爬上爬下，跑来跑去。我们只要少限制他们，多陪他们玩一些活动身体的游戏，就能提升他们的运动能力和学习效果。

比如玩球，孩子还不太会走路的时候，可以和他面对面坐着，把球滚到他身边，让他把球推回来。等他学会走路了，可以和他玩扔球、捡球、踢球的游戏。

除了球类运动，和孩子追逐嬉戏也是很不错的运动类游戏。在家里，我们可以玩小时候玩过的丢手绢、一二三木头人。在开阔的地方，比如草地、公园，可以让孩子假扮大灰狼来抓我们，或者玩追逐泡泡的游戏。只要动起来，就能促进孩子大脑的发育。

7.5.2 精细动作游戏

简单来说，精细动作游戏指能让孩子运动到手指、手腕、手部的游戏，比如抓握东西、拿勺子、用蜡笔画画、搭积木、扣扣子等。精细动作游戏对孩子大脑的发育也是非常重要的。

首先，别看我们的双手只占身体的很小一部分，它们在大脑皮层上可是占据了很大一块脑区。因为手部的功能区和言语机能区非常接近，所以经常锻炼双手对孩子的语言发展也能起到促进作用。

其次，孩子在学习、探索的过程中，很多活动需要借助手部的动作来完成。小到生活自理，大到写字、画画、弹钢琴等活动。如果孩子手部的协调、运用能力不强，他做很多事时都会遇到阻碍。

最后，精细动作一般都需要孩子集中注意力，保持安静才能完成，所以这类游戏对孩子专注力的培养也是很有好处的。

具体来说，我们可以通过下面这些游戏锻炼孩子的精细动作能力。

（1）给孩子准备一些大米、豆子，让他用勺子把这些食物舀进不同的容器里。容器的口越小，难度就越大。如果怕孩子弄撒，可以把这些材料放进一个大的托盘里。

（2）给孩子一个大夹子，让他练习夹东西。孩子小的时候可能没办法用单手拿住夹子。他们会想办法，用两只手一起配合来夹住东西，这种做法也是很机智的。

（3）在卷筒纸芯上打洞，准备吸管或者绳子，孩子就能玩穿洞的游戏。

（4）类似的精细动作游戏还有很多，比如拿蜡笔画画、搭积木、套圈，把吸管放进瓶子里，让孩子自己吃饭。

只要爸爸妈妈多留心，让孩子经常活动双手，到处都是变聪明的机会。

7.5.3 搭建类游戏

我们常见的积木、雪花片等都是搭建类的玩具。这类玩具对孩子的发育有很多好处。

就拿搭积木来说，孩子垒高、推倒的过程有助于培养空间感，这是今后学习数学、物理等学科的基础。积木的表面很光滑，要想搭得高，搭出特定的造型，孩子就要保持专注，控制手部的动作，还要在反复尝试中总结出一些规律（如大的放下面，小的放上面，积木才能搭得稳）。这对孩子专注力、问题解决能力、创造力及发散性思维的培养都很有益处。

说了这么多，搭建类游戏具体要怎么玩呢？

对于年龄较小的孩子，我们可以给他准备大块的积木，各种罐头、纸杯，甚至是快递纸盒，用来堆叠、垒高和推倒。

孩子两岁后，除了普通的搭建，还可以用积木学习颜色、形状等概念，按照颜色或形状将积木分类，或者作为道具来学习数数和加减法。

游戏时，我们可以设定主题，鼓励孩子发挥想象力，帮动物玩偶搭建一个农场、动物园，或者建造一个超市、警察局，用来玩假装游戏。

此外，还可以由爸爸妈妈先拼搭一个造型，用手机拍下照片后作为图纸，让孩子一边观察图纸，一边把造型拼搭出来，这对孩子的观察力和执行力都是很好的锻炼。

7.5.4 认知类游戏

简单来说，就是在游戏中教孩子学习颜色、形状、动物、水果等概念。

可以让孩子把彩色麦圈、彩虹糖、乐高积木等有颜色的食物或玩具按照颜色来分类。

可以把长方形、圆形、三角形等形状画在纸上，请孩子把对应形状的玩具、书本、遥控器等放在纸上，按照形状来分类。

可以带孩子逛超市、逛菜场，去看一看、摸一摸不同的水果和蔬菜，给他们讲解和食物、健康有关的小知识。

还可以去动物园观察真实的动物长什么样。回家后问问孩子，哪些动物是有花纹的，哪些是有羽毛的，这既能帮助孩子锻炼记忆力，又能启发他思考问题。

7.5.5 假装游戏

前文我们介绍过假装游戏，也就是我们常说的"过家家"。因为这类游戏中有很多假装的成分，比如把积木当成面包，把兔子玩偶当成小宝宝，孩子假装自己是医生等，所以在儿童发展领域，心理学家又把这类游戏称为"象征性游戏"。

虽然假装游戏很常见，孩子们不用大人教就会自发、主动地玩，但它对儿童的发展却有很多你意想不到的好处。

首先，假装游戏中有很多假装、代替的成分，比如用积木代替面包，孩子要先找到积木和面包的共同特征，才能把积木当作一种符号，代替他头脑中想象出来的面包。因此，经常玩假装游戏可以发展孩子的符号表征功能，以及抽象、概括等思维能力，对认知的发展很有好处。

其次，孩子在玩假装游戏时需要设置情节、和小伙伴沟通、一起解决问题，有助于其语言能力和社交能力的发展。当孩子把自己代入角色和情境中时，能够体验到不同角色的情绪和感受，促进其共情能力的发展，提高情商。

最后，假装游戏还能帮孩子克服成长中的挑战，让他变得更勇敢。比如孩子不喜欢刷牙，你可以和他玩假扮牙医的游戏。孩子扮演过牙医，给小动物刷过牙后，就不会那么害怕刷牙了。孩子刚上幼儿园，不太适应，那就让他扮成幼儿园的老师，爸爸妈妈扮成小朋友，一起来过一天幼儿园的生活。孩子对这些场景熟悉了，适应起来也会更容易。

怎样配合和支持孩子玩假装游戏呢？

首先，我们要给孩子提供道具。玩假装游戏时，越简单的道具，越能激发孩子的想象力和创造力。一块旧床单可以变成超人的披风，几个沙发垫可以变成国王的城堡，把报纸撕碎就是一碗可口的牛肉面。允许孩子把家里的日常用品当成游戏的道具，不批评，不限制，就是很好的支持。

其次，我们可以邀请小朋友来家里玩，扩大孩子的社交圈，为他提供更多的人际交往机会。我们自己也可以成为孩子的玩伴，参与到假装游戏中来。

最后，我们要支持孩子玩假装游戏，不是只有识字、做题才叫学习，玩游戏也是一种重要的学习。给孩子充足的时间玩这类游戏，不随意打断，不嘲笑他孩子气。认真地参与孩子的游戏，游戏的复杂性和抽象程度也会得到提升，让孩子获得更多的进步。

以上就是 1～3 岁孩子最需要玩的五类游戏。除此之外，读绘本、画画、听音乐、唱儿歌等也都是十分有益的活动，限于篇幅，我就不一一介绍了。

如果你家宝贝很少玩上述某一类游戏，或者特别喜欢看电视、玩手机，那你一定要重视起来，及时调整，否则孩子将来上幼儿园很可能会不适应。

7.6 适合3～6岁孩子玩的益智游戏

3岁后，孩子从幼儿期迈入学龄前期，心智水平有了很大的提升，不仅能顺畅地表达自己，还学会了思考和提问题。大部分孩子在这个阶段会离开父母，进入幼儿园，学会适应集体生活，这预示着孩子已经进入了新的发展阶段，逐步走向独立。

这一阶段，孩子仍旧以上一节介绍的五大类游戏为主，在更高的难度上玩身体运动游戏、精细动作游戏、搭建类游戏、认知类游戏以及假装游戏。比如身体运动游戏，3岁前孩子可能以奔跑、跳跃为主，3岁后可以玩三轮车、自行车、滑板车、秋千等更复杂的运动游戏。再如精细动作游戏，3岁前，以画画、使用勺子和夹子、搭积木、捏橡皮泥为主，3岁后，孩子可以挑战扣扣子、系鞋带、穿珠子、使用剪刀等更精细、更复杂的任务。

关于更多适合3岁后孩子玩的早教游戏，我会在下一章中详细介绍，教你如何用游戏的方式提升孩子的专注力、记忆力、语言能力、创造力等10种能力。这一节，我们重点介绍4岁后可以陪孩子玩的一类益智游戏——规则游戏。

7.6.1 为什么要让孩子玩规则游戏？

规则游戏又被称为轮换游戏，顾名思义，就是指有固定规则，有终点和目标的游戏。它不像画画、搭积木这些开放式游戏，想怎么玩就怎么玩。规则游戏必须按固定的玩法进行，每轮游戏结束都会产生一个赢家，也就是说，规则游戏都是有结果、有输赢的。我们熟悉的飞行棋、象棋、丢手绢等都是典型的规则游戏。

玩规则游戏对孩子有哪些好处呢？

首先，它能帮助孩子认识规则、遵守规则，学习约束自己的行为。这对孩子适应学校和集体生活都很有好处。

其次，很多规则游戏包含运气的成分。比如玩飞行棋时大家轮流掷骰子，谁先掷到数字6，谁就先开始游戏，最后赢的概率也会更大。

通过游戏，孩子理解了什么是运气、什么是概率。虽然一开始，他无法理解为什么别人可以掷到6，自己却不行。但玩的次数多了，他就能慢慢明白这个游戏是公平的，每个人都有机会赢，也都可能会输。

再次，规则游戏总是伴随着输赢，这对孩子来说，是学习面对失败和挫折的好机会。

对于年龄较小的孩子，我们可以适当地示弱，让他有机会品尝到胜利的滋味。这不是作弊，而是把我们放到和孩子一样的高度。

等孩子上小学前后，随着他在情感和智力上的进步，我们就可以使出六分力、八分力，甚至是全力，既让孩子觉得自己是靠实力赢的，又让他有机会体验失败，培养抗挫能力。

最后，不少规则游戏还可以提高孩子的认知能力，例如靠记忆力匹配相同卡片的记忆大师游戏，跳棋、斗兽棋、象棋等需要思考和运用策略的棋类游戏。即使是像丢手绢这样的体能游戏，孩子也要想办法迷惑对方，才能争取时间，赢得胜利。

7.6.2 三类常见的规则游戏

哪些游戏算是规则游戏呢？其实我们小时候就玩过不少，下面给大家介绍三类常见的规则游戏，你可以看看哪些是你童年玩过的，哪些你打算陪孩子一起玩。

（1）运气类游戏

① 飞行棋游戏

最多可以4个人同时玩，每人拥有同种颜色的4架飞机，大家轮流掷骰子，掷到6时飞机才能起飞，之后按照骰子的点数，掷到数字几，飞机就走几步，4架飞机率先抵达终点的人获胜。

② 扑克牌比大小游戏

每人随机抽一张牌，比点数的大小，点数大的获胜。

这个游戏可以帮助孩子认识数字，比较大小。因为玩一盘的速度很快，即使这盘输了，下一盘也可能会赢，孩子比较容易接受失败。

③ 小猫钓鱼游戏

把一副扑克牌打乱后分成数量相同的两堆，每人拿一堆。轮流拿出一张牌，依次排好，如果出现和前面牌相同的点数，就可以收走这两张相同牌中的所有牌，牌先出完的一方输掉比赛。

比如桌上已经有"A，3，8，J，7"这5张牌，下一张牌是点数8，就可以收走"8，J，7，8"这4张牌。

④ 大富翁游戏

大富翁游戏又名地产大亨，是一种模拟地产交易的游戏，规则相对复杂一些，可以给大一点的孩子玩，锻炼他们的数学能力。

游戏一开始，每位玩家都能分到相同数量的钱，通过掷骰子在图纸上移动，可以按照提示买地、盖楼、收租、与银行交易等。

（2）益智类游戏

① 记忆大师游戏

记忆大师游戏可以用扑克牌玩，也可以买专门的游戏卡片。扑克牌或卡片都是两两一对，每种花色有两张。

把牌背面朝上放在桌子上，玩家轮流翻牌，每次可以翻任意两张，如果花色相同，这两张牌就可以拿走，花色不同就要再翻回去，保持背面朝上。拿走牌数多的人获胜。

想要赢得胜利，就要记住相同花色牌的位置，对孩子的记忆力和观察力是很好的锻炼。

② 斗兽棋游戏

斗兽棋有固定的棋盘，双方各有8颗动物棋子，摆在规定的位置上，轮流走棋，把对方的动物吃完或者走到对方的兽穴算胜利。

动物棋子可以按规定的顺序吃掉比自己弱小的动物棋子，常见的排序方式是象>狮>虎>豹>狼>狗>猫>鼠，老鼠又可以吃掉大象。

和象棋、围棋比起来，斗兽棋用动物作棋子，按照弱肉强食的规则进行游戏，更易于孩子理解。

③ 井字棋游戏

玩法和五子棋类似，一般用纸笔来玩，一方画"×"，一方画"O"，双方在3×3的格子里轮流做标记，三个相同标记连成一线即为获胜，连成横线、竖线、斜线都可以。

和五子棋相比，井字棋游戏更简单，适合和孩子一起玩，可以锻炼他们的观察力和思维力。

（3）体能类游戏

① 丢手绢游戏

你小时候一定玩过这个游戏。大家围坐成一个圆圈，唱丢手绢的儿歌，小朋友 A 拿着手绢在圆圈外面绕圈走，把手绢轻轻放在小朋友 B 的身后就快速跑。小朋友 B 要马上起来追赶 A，如果在跑完一圈前 B 抓住 A，就算追赶者 B 获胜。否则，小朋友 A 跑完一圈，在被抓住前坐在 B 的位置上，就算 A 获胜。

② 木头人游戏

一个人蒙眼，说"一二三，木头人"的口令，说话期间其他人可以动，一点点靠近蒙眼的人。口令说完后，蒙眼人回头看其他人，这时其他人不能动，要像木头人一样定在原地，动了就算输。所有人都动了就算蒙眼者胜利。

如果还有人保持不动，蒙眼者要再次蒙住双眼，喊出"一二三，木头人"的口令，其他人继续往前走，在喊口令期间拍到蒙眼人的背，就算获胜。

③ 踢罐子游戏

准备一个空罐子，放在地上，用石头剪刀布的方式选出一个人当"鬼"。"鬼"要蒙住眼睛并从 1 数到 10。

这期间，其他人找地方躲藏起来。"鬼"数到 10 后开始找人，找到所有人就算"鬼"赢。如果在找人期间，其他人踢到罐子并且没有被"鬼"抓住,就算其他人获胜,"鬼"也要再当一次"鬼"。

除了上面介绍的 10 个规则游戏,你还可以和孩子一起设定规则,创造一些简单的家庭游戏,或者买一些适合孩子玩的棋牌、桌游类玩具。

经常陪孩子玩规则游戏,不仅能拉近亲子距离,还能帮助孩子全面发展,培养认知、记忆、社交、情绪、运动等多种能力,让其更有规则意识。

第 8 章 早教到底是在教什么？

这几年，早教的观念深入人心，把孩子送去早教机构就像是生病时带孩子去医院一样，变成了一件理所当然、必不可少的事。

早教真的很重要吗？是的，因为生命初期是儿童发育神经系统、塑造大脑的关键期，也是学习各种技能，发展运动、认知、心理等各种能力的黄金时期。这个阶段的学习不仅最快速、最高效，还会为孩子的一生奠定基础。

但很多家长不知道，早教并不等于早教机构，孩子最好的早教老师也不是机构里那些受过专业培训的老师，而是父母。假如我们对早教缺乏必要的了解，就在焦虑和压力下盲目地送孩子上早教班，很可能会弄巧成拙，反而限制了孩子的正常发展。

其实早教并不像某些机构宣传得那么夸张，不是错过了几岁的关键期，孩子就会永远失去某种能力发展的机会。早教的内容也不像人们想象中这么深奥难懂，父母都可以轻松学会，在日常生活中因势利导，给孩子最好的教育。

这一章，我会运用脑科学的知识讲解为什么早教很重要，怎样在家给孩子做早教，还会分享培养孩子 10 种能力的具体早教方法。其中很多内容是我在中科院学习儿童心理学，以及这几年阅读专业书总结的方法和心得。相信读完这一章后你会有所收获，焦虑感也会大大减轻。

8.1 脑科学专家告诉你，为什么早教很重要

回答这个问题前，我们先来看看在生命的最初几年，孩子的大脑会发生哪些变化。

当宝宝还是小婴儿时，不少父母会错误地认为宝宝现在还太小，和他说话他也听不懂，照顾好他的饮食起居就可以了，开发智力就等孩子学会说话，能和大人正常交流后再说吧。但其实，婴儿不是什么都不懂，而是每时每刻都在高效地学习，有着无限的发展潜能。

脑科学研究发现，人脑中有约 1000 亿个神经元（即神经细胞），这些神经元相互联结，构成了纵横交错的复杂网络。把神经元联系在一起的结构叫作突触。如果说神经元是一棵大树，那么两棵树的树枝挨得很近的部分就是"突触"。神经元之间通过突触传递信息，突触越多，神经网络就越复杂，大脑的功能也就越强大，或者说人在某方面就越聪明。

宝宝出生前，大脑里已经拥有了和成年人数量相当的神经元，但这些神经元之间并没有多少联结，也很少传递信息。直到宝宝出生，接收到来自环境的各种刺激，突触才开始迅速形成，并且数量远远超过成年人。这使得婴儿能够适应各种不同的环境，并且具有极强的学习能力。

2岁时，孩子大脑中的突触数量达到顶峰，之后会不断减少，持续到青少年期，直到和成年人的突触数量接近，这个过程被称为"突触修剪"。为什么婴幼儿时期辛苦形成的突触，会在后来慢慢消失呢？

原来，突触有着用进废退的特点。那些有用的、经常被使用的突触会被保留下来，得到强化，以便更高效地传递信息，而那些不被使用的突触则会被修剪掉，就像园丁要定期给树木修剪树枝一样。如果不这么做，新的突触就没有生长空间，营养和能量也会被没用的突触浪费。这样的话，孩子就没办法学习各种复杂的新技能，就不能更好地适应不断变化的环境了。

到底哪些突触会被保留下来，哪些会逐渐萎缩，甚至最终消失呢？这和孩子每天的经历息息相关。他看到的东西，玩过的玩具，听到的声音，和你的交流、互动，都会加强神经元之间的联结，使对应的突触保留下来，而那些你因为忙、不重视或没有带孩子经历过的事，没有陪他说过的话，则会变成无用的突触而被删剪掉。

孩子头脑中的突触和联结每一天都在增减、变化，在日积月累的影响下，有些孩子接受了丰富的刺激，大脑突飞猛进地发育，各方面能力都表现出色；有些孩子却因为大人的错误观念或者疏忽，错过了许多发育大脑、建立联结的机会，在各方面落后于同龄人。

所谓的早教，其实就是"早期教育"的简称，指的是0～6岁这个阶段对孩子的启蒙和教育。如果我们能抓住这段时期给孩子提供恰当的刺激，促进突触的形成，帮助他建立复杂高效的神经网络，就能为之后的正式学习奠定坚实的基础。

值得注意的是，儿童心理学家发现互动对孩子的早期教育至关重要。越年幼的孩子，越需要用面对面的交流来学习。

有一项著名的实验发现，同样是教宝宝学习外语，采用真人教学的方法时，宝宝的语言能力有了明显的提高。但换成播放视频时，尽管老师、上课的内容、学习的时间都和之前完全一样，只不过老师跑到了电视机里，宝宝的学习效果就差了很多，和没看过视频、没接触过这门外语的宝宝水平一样。

想要真正刺激宝宝的大脑发育，帮助他建立神经联结，学习知识和技能，就不能依赖各种电子设备，家长一定要花时间、花心思，和宝宝面对面地交流才行。就像神经心理学家阿尔瓦罗·毕尔巴鄂说的那样："父母对子女的智力发展有着显著的影响。对于人脑来说，没有什么比另一个人更复杂的刺激物了。"

对孩子来说，和自己有着深厚情感联结的爸爸妈妈才是他最喜欢、最益智的"玩具"，也是他生命初期最好的早教老师。所以，我们一定要对自己有信心。

8.2 做好这三点，胜过昂贵的早教班

不管是送孩子去上早教班，还是在家自己教，我都建议你学一学如何给孩子做早教。只有对早教理念和方法有了系统的认识，我们在面对参差不齐的早教机构时才能有鉴别能力，避免花了冤枉钱还耽误了孩子的成长，对其发展造成不利影响。

即使早教机构具备一定的教学资质，有先进的早教理念，我们也

不能把教育孩子的责任完全丢给老师。受上课时间和课程内容的限制，孩子在早教班需要听从老师的指令，按部就班地完成任务，无法自由充分地进行探索，也没办法兼顾各方面能力的均衡培养。除非家长能把早教老师的方法延续到家庭教育中，回家后经常带孩子开展这一类活动，否则，仅凭早教课短暂的活动时间，不足以对孩子的大脑产生足够的刺激。

基于以上两方面原因，这一节，我想分享三点早教的注意事项。从下一节开始，我会针对10种能力为大家推荐具体的早教游戏和活动，让孩子在家也能开发大脑，提升智力。

8.2.1 丰富的体验帮孩子塑造大脑

上一节，我们提到了大脑突触的相关内容。在0～6岁这个阶段，孩子大脑的发育速度极快，可塑性极强，而大脑可塑性的基础正是神经元之间相互联结的结构——突触。

脑科学研究显示，只需要2秒钟，神经元就可以和其他神经元建立联结，形成突触。有些神经元甚至可以和周围多达50万个神经元相联结，构成复杂的神经网络，为大脑的各种高级功能打下物质基础。

和成年人相比，孩子大脑中的突触数量更多，神经网络更复杂，因此孩子的学习能力和适应能力都比成年人强。为了提升大脑传递信息的效率，从2岁起，突触会经历一个用进废退的过程，经常使用的突触得到强化，以便更高效地传递信息，不常使用的突触则会消失不见。正是因为这个原因，在生命早期，我们要为孩子提供丰富的环境和刺激，使重要的突触得以保留，作为今后学习和发展的基础。

比如陪孩子聊天、阅读，让他看不同的色彩，听不同的声音，闻不同的气味，玩不同类型的游戏，用各种工具画画，听柔和的音乐，接触外语，接近大自然，参观动物园、博物馆等。孩子的体验越丰富，对大脑的发育就越有帮助。

值得注意的是，有些家庭物质条件很好，孩子想要什么，父母都会尽力满足，唯独抽不出时间陪伴、照顾孩子。这些孩子整日与老人、保姆、电子产品为伴，交流范围和互动受限，能接触到的东西也非常单一，不利于大脑的健康发育。

不管我们工作多忙，只要有心，总能抽出时间陪陪孩子，陪他聊天、阅读、唱歌和玩耍。这是孩子 6 岁前最有价值的早教活动，也是我们最容易做到的事。千万别等错过了孩子成长的关键期才追悔莫及。

8.2.2　早教不等于超前教育

小样幼儿园有个同学名叫"包包"。才上中班，爸爸妈妈就已经用兴趣班、补习班和各种作业把他所有的业余时间都占满了。不仅周末要上课，周一到周五幼儿园放学后也要急匆匆地赶去上课。

爸爸妈妈望子成龙，不想让孩子输在起跑线上，这种心情可以理解，但这样的过度教育只会对孩子起反作用，对大脑发育产生消极影响。

所谓的"早教"不是指提前教、尽早教，而是"早期教育"的意思。只有遵循科学规律，让孩子在适宜的年龄做适宜的事，才能取得理想的效果，真正促进孩子的成长。

就拿大动作发展来说,很多孩子还没学会爬,家长就急着让他学走路,甚至引以为傲,觉得跳过爬行阶段直接学习走路是一种聪明的表现。殊不知爬行对孩子平衡能力、空间能力的发育都起着非常重要的作用。

有很多父母像包包的爸妈一样,只看重灌输式的学习,剥夺了孩子玩耍的机会。但对 6 岁前的孩子来说,游戏恰恰是他们探索、学习的基本方式,能帮助他们发展动作、认知、社交、语言等能力。没有这些能力作为支撑,只靠死记硬背记住一些片面的知识,孩子要如何适应即将到来的小学生活呢?

早教类的游戏包括通过游戏学习数字、形状、规律等数学概念,用积木开发孩子的动手能力和创造力,用科学小实验激发孩子的好奇心和求知欲等。

我经常陪小样玩这些游戏,他不仅很享受体验、探索、反复尝试的过程,不知不觉学到了很多东西,而且比同龄孩子有更强的专注力和好奇心。这就是游戏的魔力,把学习变成一件简单、快乐的事。

其实早教最重要的意义不是让孩子记住多少知识,而是帮他们保留并新生有用的突触,在促进能力发展、激发学习兴趣的同时,为将来的正式学习做好准备。

8.2.3 自由的探索比对错更重要

在早教的过程中,还有一个很容易犯的错就是过于强调"教"。

我们总以为孩子是一张白纸,我们怎么教,他就怎么学。孩子玩玩具时,我们会说:"你玩得不对,应该这样玩。"孩子画画的时候,我们会说："你画得不像，怎么没给妈妈画上头发？"孩子背古诗的时候，我们又会说："你这句背错了，应该这样背才对。"

在孩子面前，我们总是拿着放大镜努力地挑错，然后用我们认为对的方式纠正、指导他。在我们眼中，孩子不是主动的学习者，而是一个等待被填满的容器。事实真的如此吗？

心理学家曾经研究过孩子的逻辑推理能力。他们找来一群15个月大的孩子，想知道当玩具不能发出声音时，孩子是否能根据线索推测出是人的问题，还是玩具的问题。

研究人员设计了两组实验。第一组实验中，研究人员先向孩子演示：阿姨A按玩具，玩具会响；阿姨B按玩具，玩具不会响。

之后，研究人员把玩具递给孩子，孩子按下玩具，结果没有响。尽管只有15个月大，孩子还是推测出应该是人的问题，不是玩具的问题，因为阿姨A曾经按响过玩具。因此，这组孩子把玩具递给了妈妈，希望妈妈能帮自己按响玩具。

而在第二组实验中，研究人员演示的内容是：阿姨A按玩具，第一次玩具响了，第二次玩具没响。接着阿姨B按玩具，也是第一次响了，第二次没有响。

轮到孩子自己按时，玩具同样没发出声音。孩子根据前面的演示推测可能是玩具坏了，不是自己的问题。结果这组孩子没有向妈妈求助，而是拿起了桌上的另一个玩具。

这个实验让我们发现，15个月大的宝宝已经有了很不错的推理能力。可为什么现实生活中，我们的孩子好像没这么聪明呢？问题其实出在我们自己身上,因为我们没有给孩子安静玩耍和独立思考的机会。

我们总是忙着教孩子这个怎么玩、那个怎么做,孩子一犯错,我们就马上纠正,一遇到困难,我们就立刻替他摆平,结果孩子就失去了很多思考、试错、独立解决问题的机会。

事实上,对孩子而言,不管是玩玩具、画画,还是背古诗,对错都不是最重要的,他在过程中的思考、创造、兴趣的培及能力的发展,才是最为宝贵的。

我们一定要把孩子看成主动的学习者,为其提供安全的环境及丰富的活动和刺激,给他适当的支持和引导,剩下的就是后退一步,给孩子足够的时间和空间去体验、探索和成长。请相信,他的表现一定会超越你的想象。

8.3 体验丰富的孩子,头脑更灵活

很多家长带孩子时最头疼的一件事就是宝宝什么东西都要摸一摸。站在大人的角度,我们怕孩子摸到脏东西,病从口入。可是站在孩子的角度,我们却剥夺了他探索和学习的基本途径。

8.3.1 感官训练

儿童心理学认为,感知觉是婴儿认识世界和自我的基本手段。尤其是生命的最初两年,孩子的语言功能比较弱,主要依靠感知觉来探索世界、了解自我,形成对这个世界最初的认识。这其中,触觉又占了相当大的比重。

研究发现,宝宝在妈妈肚子里第49天就已经有了触觉反应。对早产儿来说,接受触觉刺激的宝宝比普通早产儿生长发育更快,免疫

功能也更强。

为了宝宝的健康成长和智力发育，一定要在保证安全和清洁的前提下，允许他触摸不同质感、不同温度的东西。家里很多现成的物品可以拿来给宝宝做触觉训练。

比如在家里做饭，或者带宝宝去超市的时候，可以让他摸一摸不同的蔬菜和水果。苹果的表皮是光滑的，闻起来有淡淡的清香；柠檬的表皮有细微的颗粒感，香气沁人心脾；香蕉摸起来软软的；桂圆摸起来有点粗糙；洋葱最外面那层表皮像纸一样又脆又薄。

让宝宝用手触摸蔬果的质感，用鼻子闻气味，用眼睛观察颜色和外形，在感受和体验的基础上再告诉他这是什么水果/蔬菜、味道怎么样，就是很好的认知训练了。

除了食物，还可以给宝宝摸柔软厚实的毛巾、光滑轻薄的衬衫、按下去会弹起来的鸭绒被、毛茸茸的地毯等。按扁会发出声音的塑料瓶、光滑冰凉的玻璃瓶、洗碗用的海绵、揉皱后的纸张也都是很不错的触觉训练玩具。只要保证清洁，不给宝宝容易吞下或者打碎的物品就可以了。

除了触觉训练，我们还可以通过给宝宝播放轻柔的音乐，在婴儿床上悬挂音乐摇铃，准备一些挤压后可以发声的玩具，陪宝宝说话、唱歌等方式来锻炼他的听觉。

多和宝宝目光接触，选择颜色鲜艳、图案对比强烈的玩具给宝宝看，包括不易碎的小镜子、纸板书或布书、带机关或按钮的玩具，不会打碎的碗、勺子、装有水或米的密封瓶子等，训练宝宝的视觉能力。

有意识地让宝宝闻不同的气味，如水果、蔬菜、食物，或者肥皂、沐浴露、树叶、花朵等，给宝宝做嗅觉训练。

添加辅食后，给宝宝准备不同味道和种类的食物，如磨牙饼干、水果条、乳制品等。食物尽量多样化，让宝宝多品尝一些天然的味道，这样营养会更全面，宝宝不容易挑食，味觉体验也会更丰富。

8.3.2 混乱游戏

玩水、玩沙子、吹泡泡、用颜料画画、撕纸、捏橡皮泥，甚至是敲东西制造出噪声，这些会引发混乱的游戏都可以称为混乱游戏。当然，你可能听过早教专家起的另一个名字——感官游戏。

这类游戏虽然不被大人喜欢，却能帮助孩子获得丰富的感官体验，观察和发现物体的形态变化，建立质量、体积、空间等概念，还能在游戏中释放压力和情绪。

孩子的健康成长需要混乱游戏。家长越能容忍孩子的混乱，给他探索、混合、创造的机会，孩子就越能发展自己。

当然，跟在孩子后面收拾是个累人的苦差事，你可以像孙悟空给唐僧画圈一样，给孩子设定一个混乱的范围。比如，玩水、玩泡泡只能在浴室进行，画画或者捏橡皮泥的时候必须换上旧衣服或者围裙。孩子玩得开心，你也可以轻松一点。

8.4 聪明的孩子从不缺少运动

宝宝1岁前，家长都很关心孩子大动作能力的发展。什么时候学会翻身、什么时候能坐起来、什么时候学爬、什么时候学走等每一项技能的掌握都牵动着家长的心。要是宝宝哪项能力比其他孩子学得晚，家长就会紧张、焦虑，生怕孩子的发育出了什么问题。

可是当宝宝学会走路后，很多家长就不再关注大动作的发展了。有些家长甚至会在孩子跑跑跳跳时嫌他闹腾，只想他能安静地坐着，搭搭积木，读读绘本。这反映了一种普遍存在的育儿误区：大动作发展不重要，和孩子的智力发育无关，孩子还是安静点好。

8.4.1 为什么运动能提升孩子的智力？

事实上，运动是一剂促进孩子智力发育、提升学习成绩的良药。哈佛大学教授约翰·瑞迪是运动与大脑研究领域的专家，他在《运动改造大脑》一书中详细阐述了运动在促进学习、调节情绪、预防大脑退化等方面的神奇作用。

其中有一项实验特别吸引我的注意。在芝加哥西部的内珀维尔203校区，这里的学生因为体育老师实行的零点体育课，不仅成为全美最健康的学生，还意外成了最聪明的学生。

1999年，38个国家的学生参加了TIMSS测试（国际数学与科学趋势研究）。美国学生在科学测试中的整体排名是第18名，数学测试则排在了第19名，而内珀维尔学生的科学和数学成绩分别排在第1名和第6名，远远超过美国学生的平均水平。

为什么内珀维尔的学生能够取得如此优异的成绩呢？答案令所有人意外，这些学生并没有把时间花在额外的课程学习上，而是花在了体能训练上，用运动的方式提升了大脑的功能。

他们每天早上的第一节课就是体育课。通过大量的体育运动，孩子们大汗淋漓，尽管身体有些疲惫，头脑却异常地清醒。这正是体育课的目的：提高孩子的意识状态，为一天的学习做好准备。

为了验证运动对学习是否有效，内珀维尔的老师还特意做了对照实验。他们把读写能力课分别放在体育课后（第 2 节课）和下午（第 8 节课），结果发现运动完后马上上课的班级，学生的阅读成绩更好。

为什么运动能够改造大脑，提升孩子的学习成绩呢？脑科学研究发现，我们运动时激活和巩固的神经网络在学习时也会用到，运动就等于是在学习。

同时，运动中还会释放很多有益于大脑的物质。比如血清素能增强记忆力，去甲肾上腺素能影响我们的注意力和认知力，多巴胺会影响我们的学习动机和注意力。这些神经递质还会与其他化学物质相互调节，维持大脑功能的平衡。

此外，当我们运动时，体内还会产生一种特殊的蛋白质——脑源性神经营养因子（BDNF），它是大脑最优质的养料，能促进神经元长出更多的突触，增加神经元之间的联结，让我们学得更快，记得更牢。

德国科学家还发现人们在运动后学习词汇或记忆的速度比运动前提高了 20%。这也解释了为什么内珀维尔的学生在运动后立即上课，成绩会好于运动很久后再上课。

8.4.2 多陪孩子玩大动作游戏

上面这些研究成果提示我们，一定要格外重视孩子的大动作发展，多带他做运动，玩需要活动身体的体能类游戏，不要总让孩子安静地坐着。

不管是在地上或沙发上爬来爬去，走路，跑步，踢球，接球，还是骑三轮车、自行车，游泳，跳绳，攀爬，绕障碍物走路，又或者是陪孩子玩追逐打闹类的游戏，像警察抓小偷、老鹰抓小鸡等，都能锻炼孩子的运动技能和身体素质，提升大脑的运作效率。

每天保证孩子有 1～2 小时的运动游戏时间，最好能在安全的户外场地进行，尽情地运动，释放过剩的精力和累积的消极情绪后，孩子的专注力和情绪的稳定性都能得到提升。

8.5　心灵手巧，这句老话很有道理

人们常说"心灵手巧"，从儿童发展的角度来说，手巧的孩子心更灵，头脑更聪明，这是有科学依据的。

孩子手部的精细动作直接受到大脑的控制。如果大脑没有发展到一定的阶段，很多复杂的动作就难以完成。就像宝宝刚出生时根本无法自主地控制小手；4 个月时已经能抓住比较大的物体；到了 11 个月，随着神经系统的成熟，宝宝的精细动作也发展出了更高级的技能——用拇指和食指捏起细小的物体。

和爬行、走路这些大动作一样，手部的精细动作同样反映着孩子的发展水平。在国际上被广泛应用的"丹佛发展筛选测验"是专门针对 0～6 岁儿童设计的一种测验，用以筛选出发展异常、智力落后的孩子，其中就包括了精细动作测试这一项。

反过来，多给孩子做精细动作的训练，经常锻炼他的小手，也能刺激相应的脑区，促进大脑和智力的发育，支持孩子完成像写字、剪

纸这样复杂又精密的任务。孩子上幼儿园后，老师经常会开展画画、做手工、捏橡皮泥这些活动，出发点也是为了锻炼孩子的精细动作，帮助他成长和发展。

在第 7 章与游戏相关的内容里，我已经介绍了一些训练精细动作的游戏，这一节我再做一些补充，给大家提供参考。

8.5.1 不要小看儿童画

很多家长会觉得："孩子画画很简单啊，随便涂几笔就是了，都看不出画的是什么。"

其实对孩子来说，画画是一项很有难度的工作。不仅要握住画笔，控制好手部的方向和力度，还要借助一定的绘画符号把头脑里的东西抽象出来，表达到画纸上。这种符号的转换恰恰是抽象思维和符号功能的基础。

我们可以多给孩子准备一些不同的绘画材料，如水彩笔、蜡笔、手指颜料、粉笔等，陪孩子多观察、多体验，然后把这些灵感用绘画的方式记录和表达出来。

孩子画完后一定不要用画得"好不好、像不像"去评判他，而要把重点放在创造和表达上。只要孩子画的是他脑海里的内容，就是独一无二的。不要为了追求结果而教孩子画什么、怎么画，那样很容易抹杀孩子的创意和对绘画的兴趣。

8.5.2 木夹游戏

晾衣服时用的小夹子对提升孩子的精细动作特别有好处。

在蒙台梭利的幼儿园里，老师都会专门设置一个晾抹布的地方。

孩子使用完抹布后要把它挂在晾衣绳上，用小木夹固定。每天多次重复这样的"工作"，孩子就在无形中提升了手指的力量和灵巧度。我们也可以借鉴这种做法，在日常生活中让孩子帮忙晾衣服、收衣服。

还可以把木夹和认知游戏结合起来。比如，在纸板上画出不同颜色的圆点，让孩子把对应颜色的木夹夹上去，又或者在纸上画出不同数量的圆点，让孩子数一数，然后把对应数字的木夹夹上去。这不仅能锻炼孩子的小手，还能让孩子学习颜色、数字和配对等，一举多得。

8.5.3 镊子游戏

不管是医生套装里的镊子，还是家里夹食物用的夹子，都可以拿来给孩子玩。

在玩过家家游戏时，可以让孩子假装是厨师，使用镊子给大家做菜、夹取食物，也可以准备不同颜色的毛球或者积木，让孩子用夹子夹取的方式玩颜色分类游戏。

8.5.4 滴管游戏

孩子天生喜欢玩水，自从我给小样买了小实验套装后，他就经常用里面的滴管玩水。

一开始，他因为不明白滴管的原理，总是没办法把水吸出来。后来我给他演示要先捏住滴管的上端，把滴管的下端浸到水里，再松开手指，这样水才能被吸上来。小样玩过几次后就掌握了滴管的使用方法，在玩水的过程中锻炼了手部的精细动作。

如果你家里没有滴管，也可以把退烧药里的滴管留下来给孩子玩。很多婴幼儿的药品为了方便精确地喂药，都是配有滴管的。

8.5.5 喷雾瓶游戏

可以使用家里浇花用的喷壶，或者我们分装化妆品时用的小喷雾瓶，超市就可以买到。

在瓶子里装上水，带孩子到楼下浇浇花、浇浇草，或者在地上用粉笔写字，让孩子用喷水的方式把指定的字母或汉字喷掉，就能在游戏中学习。

8.5.6 贴纸游戏

贴纸是孩子很喜欢的一种玩具，但要把贴纸揭下来，精确地粘到某个地方，是有一定难度的。

为了提升游戏的效果，我们可以在白纸上画出线条、形状或数字，然后让孩子沿着这些线条贴贴纸。这不仅能锻炼精细动作，还能提高专注力，增加非正式的学习经验。

8.5.7 剪刀游戏

拿剪刀时，孩子要协调地使用拇指、食指、中指这三个手指，而这三个手指恰恰也是握笔写字时要用到的，所以让孩子多练习使用剪刀，就是在为将来写字做准备。

不过因为剪刀使用起来有难度，有些孩子会抗拒使用剪刀。我们可以从简单的游戏入手。给孩子准备一把好用的安全剪刀，把纸裁成长条状，用黑笔在上面画出短横线，孩子只需要剪一刀就能把纸剪断，有利于增强他的信心，提高他的兴趣。

也可以把纸裁成长方形，竖着平放在桌面上，在纸的下半部分画出人物的五官，上半部分画出头发的粗线条，用剪刀剪开，然后让孩子用剪刀给小人理发，孩子一定会喜欢这个游戏。

等孩子的剪纸能力慢慢提高后，再让他剪更长的直线、折线和曲线。家里也可以常备旧报纸、杂志、彩纸、胶水、剪刀等，由简到难地陪孩子做粘贴画和手工作品，这样，他在幼儿园就不会排斥手工活动了。

除了上述七类活动，你还可以给孩子准备串珠、穿洞类玩具，螺丝、螺帽类玩具，拼插、搭建类玩具。让孩子自己吃饭，使用勺子和筷子，自己扣扣子、系鞋带、拧瓶盖等，这些日常活动都可以提升孩子的精细动作和自理能力。

8.6　提升孩子专注力的小游戏

专注的品质对一个人的成长和发展至关重要。

很多著名的科学家有着非凡的专注力，比如物理学家牛顿。有一次，他请朋友吃饭，自己却忙着做实验，连朋友吃完走了都不知道。后来他工作完，出来找吃的，看看桌上的盘子，还以为自己已经吃过了。正是因为牛顿做起事来那么专心，才能取得如此辉煌的成就。

专注力就像是一张网，你撒在哪里，就能在哪里有所收获。我们当然希望孩子的这张网能像牛顿的网一样大一点、密一点，在学习和工作上多一点收获。可是日常生活中，我们的一些错误做法却破坏了孩子的专注力，把他的网裁小、剪破了，好在专注力可以通过练习得到提升。下面，我们就来看看哪些做法会破坏孩子的专注力。

8.6.1 错误做法1：随意打断孩子

很多家长在孩子上小学前关心的是吃饭吃得好不好，有没有弄脏衣服这些小事，却看不到孩子专注力的发展。

小样2岁多的时候对自己吃饭特别有积极性。如果大人不去打扰他，小样可以很专心地把饭吃完，因为他关心的是怎么用勺子把食物准确地送进嘴里。这个新学会的技能让他很有成就感。

可是奶奶看不到小样自己吃饭时的专注，也不知道独立性的培养对孩子来说意味着什么。奶奶只关心小样吃得够不够营养、速度快不快，桌上、地上有没有饭菜。所以每次吃饭，小样刚吃两口，奶奶就使劲地给他夹菜，还说："不要光吃饭啊，快吃口鸡蛋。"

5秒钟后，由于小样吃饭的速度达不到奶奶的要求，奶奶会开始催促："好好吃饭，别玩勺子了，饭都要冷了。"再过5秒钟，心急的奶奶就会站起来，抢过小样的勺子想要直接喂饭。因为只有这样，她才能保证小样每一口都能吃到鸡蛋而不是只吃大米饭，还能吃得又快又干净。

可是2岁的孩子对"我要自己做"这件事是很执着的。奶奶一抢勺子，小样就不高兴了，有时还会生气地离开位置，干脆不吃了。最后奶奶没办法，只得把勺子还给小样。

这个场景，很多家庭每天都在上演。从培养专注力的角度来说，本来孩子可以专心地吃10分钟，但因为家长不停地讲话、抢勺子，专心的时间就缩短成3分钟、2分钟，甚至几十秒。

这样做的结果是孩子不仅在吃饭这件事上很难保持专心，而且在玩玩具、看绘本、写作业等其他事情上，孩子也很难保持长时间的专注。因为他们专注力的网已经被大人剪破了，想再补上就很难了。

不管孩子多小，如果他很专心、很投入地做一件事，只要没有危险，就不要轻易去打断他。

"你累不累，渴不渴啊？"

"这个好脏，别玩了。"

"这样玩不对，你看妈妈怎么做。"

如果你经常说上面这些话，就要改一改了。学会保持安静，不去打断，才是对孩子专注力最好的保护。

8.6.2 错误做法2：给孩子太多干扰

第二个破坏专注力的坏习惯是给孩子太多的干扰。比如把电视机开着当背景声，孩子吃饭、玩玩具都对着电视，自然就容易分心。

给孩子买太多的玩具，却不收纳整理，一股脑儿都堆在客厅，孩子一会儿玩玩这个，一会儿看看那个，结果哪一样都玩不久。

孩子上了小学，开始有作业了，可是房间里、书桌上到处堆满了杂物，这也会影响孩子的专注力。

虽然做作业时，孩子的注意力看似只放在书本上，但他的各种感觉通道都是打开的。他的余光能扫到整个桌面，他的耳朵能听到外面的电视声。这些没用的信息都会被大脑捕捉到，悄悄干扰着孩子。

想提高孩子的专注力，做减法很重要。家里的电视不要一直开着。孩子的玩具要经常整理，玩完一样就收拾一样。

不管是画画、看书，还是做作业，书桌、书房都要保持整洁。做作业时，桌上只放正在做的那门功课的作业，不要把其他学科的书本都摊在桌面上。

另外，孩子做作业时，不要经常给他端水、送水果，不要随意进入他的房间。让他养成习惯，做作业的时候不吃东西、不上厕所，中途休息的时候再做这些事，这样才能提升学习的效率。

8.6.3 错误做法3：把孩子的时间都占满

很多家长为了提高孩子的成绩和竞争力，在周末、假期，甚至是周一到周五的晚上，给孩子报了很多兴趣班、补习班。孩子放学刚回到家，父母就急着催他写作业、练钢琴、做试卷，恨不得除了吃饭、睡觉，孩子所有的时间都拿来学习。这种做法也是不对的。

注意力和我们的身体一样，都需要足够的休息才能得到恢复。脑科学家指出，放空的状态也是注意力的一种形式。孩子在发呆、放松时，看似大脑什么也没做，好像浪费了学习的时间，但其实这些时刻大脑是高度活跃的。

适当的放松和休息不仅能帮助孩子消除疲劳，让他之后能更专注地投入学习，而且大脑会利用这段时间处理和整合先前输入的信息，巩固所学的内容，提升学习的效果。

这就是为什么当我们陷入僵局，没办法想清楚一件事时，把事情放一放，喝杯茶、散个步，反而会突然茅塞顿开，把问题给解决了。

同样的道理，想要提高孩子的学习效率和专注力，就要主动地让孩子休息。放学后可以先运动一会儿，帮妈妈做做家务。写作业的时候，每小时留出 15 分钟休息时间，站起来活动活动身体，吃点东西补充一下能量。

周末，给孩子留出时间让他自己安排，做他喜欢的事情，这样孩子不容易讨厌学习，头脑会更灵活，学习效果也会更好。

8.6.4 训练孩子专注力的四个方法

下面，我分享四个能够提升孩子专注力的活动或者游戏。

（1）正念练习

也许你听过"正念"这个词，却不理解它的含义。简单来说，正念就是把注意力从纷繁的外在世界拉回我们的内心，去觉察我们此时此刻的感受和想法。

科学研究表明，正念可以有效地提升我们的注意力，让我们更关注当下，更理性地控制情绪。

心理学家沃特斯曾把正念的方法引入学校，给一群捣蛋的初中生辅导。原本这些学生调皮、顽劣，让老师很头疼，想让他们专心听课、不吵不闹，根本是不可能的事。但经过一段时间的正念练习后，这群孩子发生了很大的改变，他们变得积极和专注。假如他们在课堂上走神，只要做 2 分钟的正念呼吸练习就能重新保持专注。

所以，你一定要试试正念练习，即使孩子还太小，我们也可以自己做最简单的呼吸练习，这样我们生气或想要吼孩子时，就能通过调整呼吸迅速冷静下来。等孩子稍大一点，再把这个方法教给他。

正念练习很简单，只有三个步骤。

第一步，把注意力集中在我们的呼吸上，感受空气流入身体之后又通过鼻腔呼出去的感觉。

第二步,注意我们是怎样走神的,比如脑海中忽然冒出某个念头,这时我们要意识到自己走神了。

第三步,把注意力重新集中到我们的呼吸上。

不用担心自己总是会走神,只要把注意力重新拉回来就好了。每天练习15分钟,一段时间后,我们和孩子都会感觉到自己更平静,更容易集中注意力。

(2)听指令游戏

这个游戏不仅需要孩子集中注意力,根据指令做出动作,还可以训练大脑的其他功能。

比如你说"用左手摸右腿,用右手摸左耳朵",这样的指令能提升孩子的理解能力,还能加强左右脑的联系,提升胼胝体的功能。

你还可以在说出指令的同时做干扰性的动作,一边说"摸耳朵",一边指着自己的鼻子。因为孩子听到和看到的信息是互相干扰的,所以能锻炼额叶的功能,提升专注力。

(3)找东西游戏

在一堆东西里找出指定的物品,是训练专注力的常用方法。

这个游戏准备起来很简单。只需要找一堆小玩具,放在桌面上,然后问孩子:"大象在哪里?黄色的小球在哪里?"请孩子快速把物品指出来。

想要增加一点难度,你可以把玩具和大米装进瓶子里。这样孩子就要转动瓶子,仔细观察,才能找到你说的东西。

（4）逛超市游戏

在去超市前，先把要买的东西写下来（或者画下来）。到超市后，请孩子带路，帮你把购物清单上的东西一样样地找出来。

比如先买苹果和香蕉，水果区要怎么走？买完了水果，还要买饼干，零食区又在哪里呢？

超市的商品琳琅满目，货架又比较高，常常会遮住视野。孩子要在这样的环境里排除干扰，记住要买的东西，顺利找到后还要把注意力切换到下一样东西上，这对孩子来说可是不小的挑战。

8.7 超强记忆力，训练起来很简单

记忆力是儿童发展过程中一项重要的认知能力，对学习尤为重要。记忆力好，孩子的学习能力就强，就能够对大脑中已有的知识进行加工。所以，很多家长十分关心孩子的记忆力问题。

其实，在宝宝两个月大的时候，记忆就开始萌芽了。有研究人员发现，如果宝宝出生后总是用同一种姿势喝奶，那么到他两个月大的时候，只要妈妈用这种姿势抱他，他就会张开小嘴准备喝奶。这说明宝宝不仅记住了喝奶时的姿势，还把这两者联系了起来。

到 6 个月大，很多宝宝会出现"认生"的现象。从儿童心理学的角度来说，这不是宝宝胆小、怕生，而是记忆力发展的一种表现。正因为他已经记住了经常照顾自己的家人，能够把熟人和陌生人区分开来，所以在看到陌生人时宝宝才会出现焦虑、害怕的表现。

因为记忆力和很多大脑功能一样，都可以通过训练得到加强，所以在平时的亲子时光，爸爸妈妈可以有意识地陪孩子玩一些能够增强

记忆力的游戏，为他的学习能力打下基础。

8.7.1 有趣的记忆力游戏

记忆是一件很奇妙的事，大脑越愉悦，记忆效果就越好。所以，对孩子来说，用玩游戏的方法提升记忆力常常能达到不错的效果。

我们家常玩的一个记忆游戏就是找3~5件玩具摆在桌子上，让小样看几秒钟。然后让他闭上眼睛，我偷偷拿走一个玩具，再让他睁开眼睛，猜猜是哪个玩具不见了。

这个游戏需要孩子静下心来观察玩具的特征，比如颜色、外形、材质等，不仅能训练记忆力，也能锻炼孩子的观察力和专注力。

另一个好玩的记忆游戏就藏在动画片《小猪佩奇》里。有一次，佩奇和小伙伴们一起坐小火车。羚羊夫人给大家发了活动表格，表格里画着一艘船、一个信号灯和一条隧道。孩子们要沿途寻找这些东西，看到一样，就在对应的方框里打钩。要确保不遗漏这三样东西，孩子们就得记住它们，同时保持专心，注意观察沿途出现的东西。

我们带孩子外出时也可以玩这个游戏，甚至都不需要表格。你只需要对孩子说："宝贝，我们一起来数数路上会遇到几辆红色汽车、几辆黑色汽车。"大点的孩子可以给他一个本子、一支笔，看到一辆车，就在本子上做记录。

这样带着任务出行，不仅孩子不会吵闹，还能顺便训练一下记忆力，连数学里的数数和统计都练到了呢。

8.7.2 做个爱提问的家长

很多人可能不知道，记忆是有长短之分的。

短时记忆就像是别人给我们报一个电话号码，当时我们能记住，但几分钟后就完全想不起来了。长时记忆像我们的姓名、住址，以及"春眠不觉晓，处处闻啼鸟"这类从小就会背的古诗，我们早已把它们背得滚瓜烂熟，所以它们能长久地储存在我们的记忆里。

我们都希望孩子的短时记忆能够转变成长时记忆，这样孩子在考试的时候就不会遗忘。要完成这个转变，很重要的一步就是"语音处理"。什么意思呢？就是把要记忆的内容念出来，从文字转化成声音。既可以大声朗读，也可以在心里默念，总之要有转化成语音的过程。

这启发我们在日常生活中要多和孩子复述。通过"说"的方式把容易遗忘的短时记忆转变成不容易遗忘的长时记忆，然后存储起来，比如我们带孩子去动物园玩，回家后可以和孩子一起回忆当天的所见所闻。

"宝宝，今天在动物园有没有看到猴子呀？它在做什么呢？它是什么颜色的？"

我们还可以和孩子一起看拍的照片，一边看，一边聊今天发生的事，鼓励孩子回忆细节，然后用语言表达出来。

很多家长都有陪孩子读绘本的习惯，从第一页读到最后一页，然后就结束了。建议家长讲完故事后，针对内容给孩子提几个问题。

"今天的故事里，出现了几个小动物？"

"他们遇到了什么困难？"

"最后问题解决了吗？是谁想到了好办法？"

像这样给孩子提几个问题，不仅能帮助他回忆内容，启发他思考，还能提升他对故事的理解能力和语言表达能力，在阅读的过程中更有收获。

8.7.3 用音乐帮孩子轻松记忆

回忆一下念书的时候，我们背一篇课文要花多长时间，学唱一首歌曲又要花多长时间。是不是觉得课文特别难背，歌词却很容易记住呢？这是因为我们的大脑更擅长记忆有旋律、有韵律的内容。我们可以利用这一点提升孩子的记忆力。

一个办法是给孩子唱儿歌的时候故意唱错某个地方，让他来找错。比如，"一闪一闪亮晶晶，满天都是小星星"，你可以唱成"一闪一闪小星星，满天都是小眼睛"。孩子发现你唱错了会觉得很好玩，而能把错误的地方找出来，则会带给他满满的成就感。

还有一个办法是借助孩子熟悉的旋律，把希望他记住的内容编成儿歌。小样上幼儿园小班时，老师教他洗手、穿裤子，都会把步骤分解开来，编成短短的儿歌。孩子多唱几遍，就记住了，效果非常好。

如果你想让孩子背古诗，记英文单词，也不用逼着他死记硬背。你可以去网上找一些质量不错的古诗儿歌、英文儿歌，放给孩子听。孩子跟着旋律哼唱几遍，就能轻松地记住了。

8.7.4 给孩子一个小任务

最后一个方法是请孩子帮你记东西，比如我们去超市时，可以请孩子帮我们记住几样需要买的东西。"宝贝，一会儿去超市，我们要买番茄和土豆,你帮妈妈记一下,好吗?"当孩子被我们信任和需要时就会变得特别积极,也更有动力记住东西。

不要觉得这只是训练孩子记东西的小伎俩。有一次我带小样去商场玩,出门前,幸好小样提醒我要带游乐场的"护照本",否则我就真的忘了。平时出门的时候,小样也会提醒我们拿手机、拿钥匙,慢慢就成了他的习惯,关键时刻还真的能帮上忙,即使他只是一个孩子。

孩子的记忆力就像肌肉一样,多多练习,才会越来越强大。所以,不要怕麻烦,和孩子试一试上面介绍的记忆游戏和方法。你和孩子今天付出的努力,都会在将来上学后得到回报。

8.8 提升孩子的语言能力,你做对了吗?

开口说话是宝宝人生中非常重要的一个里程碑。很多妈妈在宝宝几个月大的时候就开始期盼,等待宝贝喊出"妈妈"。可是面对只会咿咿呀呀、不会说话的宝宝,很多新手爸妈犯了难,该怎么教宝宝说话、怎么和他交流呢?

这一节,小样妈会告诉你引导宝宝学说话的三个重点。宝宝学会说话后还有一个语言发展的关键期,就是 3～6 岁。这一阶段不仅会拉开孩子语言能力的差距,还会拉开智力的差距。我分享三个方法,帮助你提升孩子的语言能力。

8.8.1 教宝宝学说话,注意这三点

先来聊聊怎么教宝宝开口说话。语言学家认为,婴儿说出第一个词通常在 9～14 个月前后。当宝宝不仅学会了发音,还能明白某个词的含义时,他就真正学会了说话。

在这之前,一般在六七个月的时候,宝宝会发出类似"ma-ma,ba-ba,da-da"这样的音,听起来很像"爸爸、妈妈"。但这时宝宝还不理解词语的含义,只是在进行无意识的语音模仿,尝试用自己的嘴巴发出和我们一样的声音。

由此可见,宝宝学说话离不开良好的语言环境。只有我们多和宝宝说话、交流,他才能模仿我们的发音,结合具体的情境理解词语表达的含义,最终学会使用语言。

在和宝宝说话、交流的时候,家长要注意下面三点技巧,这样学习语言的效果会更好。

(1)积极地回应宝宝,看着他说话

我们在教宝宝说话时,除了发出声音以外,面部表情、说话时的情绪、是否有眼神接触等非语言信息也是很重要的。

科学家通过实验发现,当妈妈面带微笑地和宝宝说话时,宝宝很专心地看着妈妈,并且表现得很高兴。但当妈妈的表情突然停止不动,或者妈妈仍然在对宝宝说话,但是眼睛看向别处时,宝宝都表现出了生气和受挫。

另一项实验中,宝宝观看电视屏幕上人的脸孔,只有当人的声音和表情都很愉快时,宝宝才会专注地盯着画面,而当声音和表情互相矛盾,比如开心的表情配上悲伤的声音,或者声音和表情都很悲伤时,宝宝就会移开视线,不再对画面感兴趣。

这说明我们在教宝宝说话时不能只是"说"而已,还要微笑地看着宝宝,和他做眼神交流,让他在积极、愉悦的语言环境中学习。这不仅能教给宝宝沟通时要用到的各种非语言技巧，还能吸引他的注意力，取得更好的学习效果。

（2）在宝宝"注意"的时候教他说话

我们常说的"注意力"，是一种把心理活动指向和集中于某种事物的能力。它就像一个过滤器，使大脑有选择性地接收信息，更有效率地工作。

比如我们听课时会把注意力放在老师身上，从而"听到"老师讲的内容。如果我们把注意力放在其他事情上，比如，和同学聊天或低头看手机，大脑就接收不到老师发出的信息了。

宝宝学说话也是一样的，当他的目光聚焦在某个东西上时，说明他对这样东西感兴趣。这时我们可以教他："这是苹果，红红的苹果。"宝宝就能接收到我们教的内容了。

反之，如果宝宝正在玩玩具，并没有注意你手中的苹果，这时我们教他："宝宝，这是苹果。"他的注意力不在我们说的事物上，学习效果就没那么好了。

所以，我们在教宝宝说话时要把握这个原则：宝宝注意什么，我们就说什么。寻找合适的机会教宝宝说话，而不是硬生生地打断他正在做的事，让他听你说。

那么，问题来了，我们可以和宝宝说些什么呢？这是新手爸妈经常会咨询的一个问题。我列了三类话题以供参考。

① 你们一起看到的东西

比如：在动物园参观时可以和宝宝说说看到的动物；在路上行走

时可以和宝宝说说看到的人、植物、风景；吃饭时可以和宝宝聊聊桌上的食物及盘子、勺子等；看家人的照片时可以给宝宝介绍照片里的人是谁，和他一起做过什么事。

②你们正在做的事情

比如，你正在给宝宝穿衣服，可以说穿衣服的步骤"先穿左手，再穿右手"，可以描述衣服"这件衣服真漂亮，有可爱的小狗图案"，还可以说一说你和宝宝的心情，"衣服穿好啦，宝宝开心吧"。

类似地，给宝宝洗澡、喂饭、陪他玩游戏，都可以一边进行一边说，增加你和宝宝的交流。

③你们看的书、听的音乐、玩的玩具等

读绘本的时候，你可以描述画面，教宝宝认识画面上的东西。

听音乐的时候，你可以哼唱给宝宝听，抓着宝宝的小手拍节奏，告诉他这首歌是什么意思，是开心还是温暖，你听完是什么感觉。

玩玩具时，你可以介绍这是什么玩具、什么颜色、摸起来感觉如何、有哪些玩法，宝宝玩的时候，你可以用微笑、拍手的方式给他鼓励。

（3）丰富宝宝的体验

教宝宝说话不只是教他正确的发音，更要教他词语所代表的含义，帮助他在发音和语义之间建立联系。要做到这一点，就一定要丰富宝宝的体验，让他能用感觉、触摸、摆弄等方式积累对事物的认知。

直接拿卡片教宝宝"苹果"这个词，他不过是记住了卡片上的图案，拿一个真的苹果让宝宝看一看、闻一闻、摸一摸、尝一尝，他才能理解"苹果"到底是什么。

一方面，我们要丰富宝宝的体验。尤其是在 0～1 岁这个阶段，宝宝依靠感官和动作认识周围的世界，通过体验的方式来学习。我们要多带他做不同的活动。比如：在家的时候，可以给宝宝各种不同的物品去触摸和感知；外出的时候，带宝宝看看不同的风景、捡捡落叶、踩踩草地。

另一方面，我们要抓住机会，和孩子聊他正在体验的事。比如：洗澡的时候可以聊身体部位，聊肥皂泡的质感和形状；逛超市的时候可以聊你们要买的蔬菜、水果；外出散步的时候看到什么就聊什么。

当个热情的"导游"，给宝宝介绍他看到的、感兴趣的东西，宝宝对这个世界的认知和词汇量的积累都会在我们的"唠叨"中不断增长。

8.8.2　孩子会说话后，这样提高语言能力

很多家长在孩子一两岁的时候都特别关注"说话"这个问题，生怕孩子开口迟会影响智力发育，错过语言发展的黄金期。等孩子会叫"爸爸、妈妈"，会用简单的语言表达自己后，家长们心里的大石头才会落地，就不再重视"说话"这件事了。殊不知，3～6 岁这个阶段对儿童的语言发展也是十分关键的。

心理学家跟踪调查了 3 岁孩子和父母的交谈次数，以及这些孩子后来的智能发展情况，发现父母与孩子的大量交谈能够使孩子拥有更高的智力。也就是说，父母和孩子交谈得越多，孩子的智商就越高。

此外，3～6 岁还是孩子一生中口语词汇增长最快的阶段。据统计，孩子 3 岁时的词汇量为 800～1 100 个，4 岁时为 1 600～2 000 个，5 岁

时为 2 200 ~ 3 000 个，6 岁时达到 3 000 ~ 4 000 个。

孩子拥有的词汇量越多，其语言表达能力和认知能力就越强，将来上了小学，语文和数学成绩也会比同龄孩子更好。

如何抓住这个关键期和孩子多交谈，从而提升他的语言能力呢？在这里，我想分享三个方法，可以带孩子练一练。

（1）学会拓展话题

如果我们想要让孩子多说话，扩大他的词汇量，我们就要学会和他聊天。

打个比方，我们送孩子上幼儿园的时候，有些家长在路上基本不和孩子说话，或者只在分别时说一句："要听老师的话。"其实只要发散一下思维，就会发现很多可以聊的话题。

比如：春天到了，可以聊哪些树长叶子了，叶子是什么形状的；哪些树开花了，花朵是什么颜色、什么气味的；可以聊路上经过的车辆是什么颜色、什么品牌的，车上的人可能去哪里、去干什么；放学回家的路上，可以和孩子聊今天在学校玩了什么游戏，最喜欢和哪个小朋友玩，有没有学到什么新本领，回家后可以教给爸爸妈妈。

在和孩子聊天的时候，我们要多问开放式的问题，积极主动地倾听，让孩子有兴趣、有机会发表自己的观点，还可以有意识地把数学、植物、动物、天气等概念结合起来，扩展孩子的词汇量，让他对这个世界有更丰富的认识。

比如，前几天，我和小样爸聊天的时候说到了"哺乳"这个词，小样马上问我："妈妈，哺乳是什么意思？"我回答他："哺乳就是喝奶的意思，哺乳动物就是喝妈妈的奶长大的动物。"

之后，小样又兴致勃勃地问了我一堆问题："妈妈，牛是不是哺乳动物，羊是不是哺乳动物？小鸡是从蛋壳里跑出来的，是不是哺乳动物？"

我一一回答他，最后还打趣地问："小样是不是哺乳动物？"他开心地回答："是。"

这样的聊天不仅能增进和孩子的关系，还能激发他表达和思考的欲望，令思维更活跃。

（2）词汇扩充练习

除了通过聊天扩展孩子的词汇量，我们还可以给孩子做专项的训练。这里介绍两种训练方法。

第一种是以某个音开头，说出尽可能多的词。比如，"bu"开头的词可以有"布丁、布娃娃、不好、捕捉、步行"等。为了提高趣味性，我们可以和孩子比赛，大家一个个轮流说，看谁说的词更多。

第二种是说出某个概念下的词。比如有哪些水果、动物、花朵等。对于大一点的孩子，可以提升难度，说一说形容词和副词，例如，表示"漂亮"的形容词能说出多少，表示"程度"的副词（一点、很、非常）又能说出多少。

脑科学研究发现，人的大脑在记忆词汇时是分门别类的，动词放在一起记忆，名词放在一起记忆，就像把东西分类后放进不同的抽屉里一样。经常和孩子玩罗列词汇的游戏，把同类词汇放在一起记忆，不仅能提升记忆力和词汇量，还能让孩子的思维更清晰、更有条理。

（3）看图说故事

孩子4岁左右开始理解故事的含义，学会辨识文字背后隐藏的意思。比如，我们问别人"你知道现在几点吗？"，是希望对方告诉我们现在的时间，而不是回答"知道"或者"不知道"，这就是文字背后隐藏的含义。

要提升孩子的这种能力，可以多陪他玩"看图说故事"的游戏。比如，陪孩子读绘本的时候可以请他当小老师，给你讲一讲"图画里有谁，他在干什么"。

一开始，孩子可能会说得很零散、不够完整，语言表达也不顺畅、没有条理。这都没关系，我们只要专注地看着他，耐心地听他把话说完就可以了。等孩子说完后，我们再用完整的语句重复他刚才表达的内容。

这里要注意，我们要做的不是纠正孩子，而是重复他的话。比如，孩子说"她哭了"，我们可以重复："是的，小女孩哭了，因为她摔倒了很疼，所以哭了。"这样的表达既没有直接否定孩子，又对孩子的话做出了回应，有利于孩子模仿我们，用更复杂、完整和准确的语句来表达。

特别提一句，看图说故事不仅能训练孩子对图画的理解能力和口语表达能力，还能加强左右脑的沟通，提升大脑的功能。

因为左脑负责语言，右脑负责图像。孩子在看图说故事的时候需要左右脑协同合作，才能把图像信息转变为文字信息，因此对左右脑的协调特别有好处。尤其是男孩，左右脑的协作能力和语言能力都比女孩弱一些，要在读小学前多做这方面的训练。

8.9 科学启蒙，为孩子播下好学的种子

什么样的孩子学习成绩一定不会差？那就是喜欢学、愿意学的孩子。很多家长觉得学习怎么可能会快乐？要是没有家长、老师逼着，孩子是不可能主动学习的，这其实是一种误解。

虽然学习的过程很辛苦，但好奇心和成就感却能带给孩子无尽的快乐。这种高级的快乐会成为他学习时最强劲、最持久的动力。即使没有大人督促，孩子也会因为对知识、对问题答案的强烈渴求而主动自发地学习，并在学会新知识、找到问题答案时体验到强烈的满足感。这种感觉和我们追剧时渴望知道大结局是一样的。

孩子原本最不缺好奇心了，地上的一片树叶、一块石头，对他们来说都有着无穷的吸引力。只是后来，由于生活的平淡、大人对自己问题的敷衍，以及枯燥的学习任务和沉重的学习压力，好奇心才慢慢消失了。

想要激发孩子对学习和探索的兴趣，把他们的注意力从电视、手机上拉回来，做科学小实验是一个很好的方法。由于小实验给了孩子观察、动手、探究的机会，孩子会在这个过程中塑造大脑的神经网络，将来正式学习科学知识时，新的知识就能和旧的体验产生联结，促进知识的理解、内化和吸收。

怎样陪孩子做科学小实验？做实验是不是很难？是不是要用到很多特殊的材料和工具？如果你也有这样的困惑，那么请放心，我会告诉你如何利用常见的或现成的物品陪孩子做好玩的、有趣的实

验。你也可以在网上搜索"科学小实验"的视频,或者购买科普书、实验套装,为孩子开启神奇的科学之门。下面介绍五个在家就能做的科学小实验。

8.9.1 神奇的滴水成冰实验

炎热的夏天,好多人喜欢喝冰水。为了让水快速变凉,我们会把水放进冰箱的冷冻室里。下面这个实验就和冰水有关。

需要准备的材料:一瓶纯净水,尽量不要用矿泉水代替。

首先,把一瓶纯净水放进冰箱的冷冻室里,冷冻约一个半小时。要让水足够冷,但还没有结冰。

接着,把水从冰箱里小心地拿出来,不要晃动。注意,这时候瓶子里还是水。

然后到了最关键的一步,握住瓶身,往桌子上用力一敲,水会在几秒钟内快速凝固成冰。画面真的非常震撼,一定要带孩子试一试。也可以小心地打开瓶盖,把冷冻过的纯净水倒在冰块上,水会在和冰块接触的瞬间凝固,长成高高的冰柱。

为什么水在冰箱里放了那么久都没有结冰,拿出来后却瞬间结冰了呢?这是因为水在非常纯净的、没有杂质的情况下,即使低于0℃也不容易结冰。这时候的水也被称为"过冷水"。"过冷水"并不稳定,一旦剧烈晃动,或碰到杂质充当"凝结核",就会迅速结冰,所以在实验中才会看到"滴水成冰"的神奇现象。

这个实验操作起来非常简单,不过可能要多试几次才能找到完美的冰冻时间。我买的是普通的瓶装纯净水,冰了一个多小时,拿出来轻轻摇晃瓶身就看到了水迅速结冰的现象，当时真的非常激动，觉得太神奇了。这么简单的小实验，没道理不让孩子试试。

8.9.2 左右颠倒的箭头

这是关于水的折射实验。

需要准备的材料：一个透明的空杯子、一些清水、画有非对称图案的白纸（只要不是左右对称的，画什么都行）。

首先，把画有图案的白纸放在玻璃杯后侧，可以透过透明的玻璃杯看到纸上的图案。假设图案是一个向右的箭头。

接着，往杯子里缓缓注入清水。因为光线从空气、玻璃、水等不同介质中穿过时会发生折射现象，所以原本向右的箭头会变成向左的箭头，是不是很有趣呢？

这个实验操作起来很简单。为了达到理想的效果，需要先做一次实验，调试一下白纸和杯子之间的距离。找到最佳距离后再给孩子演示这个实验，效果就会非常好。

8.9.3 翻滚的葡萄

这是一个马上能看到结果的实验。

需要准备的材料：几颗葡萄、一瓶清水、一瓶汽水。

首先，把葡萄放进装有清水的塑料瓶里，葡萄毫无悬念地沉到了瓶底。

接着，把葡萄放进汽水瓶里，你猜会发生什么？葡萄先是受到重力的影响往下沉，过了一会儿又快速上浮到瓶口。多观察一会儿你会发现，葡萄翻滚几次后最终还是沉到了瓶底，这是什么原理呢？

原来，汽水里有很多往上冒的小气泡。当葡萄掉进汽水里，小气泡会聚拢在葡萄周围，把葡萄向上推到瓶口。接着，小气泡会破裂，里面的气体释放出来，葡萄没有小气泡托着，就又沉了下去。如此反复多次，直到汽水里的气泡越来越少，葡萄就只好沉在瓶底啦。

8.9.4 会往高处跑的水

正常情况下，水都是从高处流向低处的，但在这个实验中，水却是由低往高跑的。

需要准备的材料：五个透明的杯子（玻璃杯或一次性塑料杯子）、清水、三种颜色的食用色素（网上可以买到）、一些纸巾。

首先，将五个杯子并排放好。在第一、三、五个杯子里倒满水。

接着，往装有水的杯子里分别滴入不同颜色的食用色素，建议使用蓝色、黄色、红色的色素，实验中可以混合出绿色和橙色。

准备四张纸巾，折叠成长条形以增加厚度，然后在中间对折。纸巾的两端分别放入相邻的两个杯子里，一端浸入水中，另一端放在空杯子里。

接下来就只需要观察和等待了。因为过程比较慢，可以每隔一个小时回来观察进展，也可以拍照做记录。

纸巾湿透后，会不停地把水吸到空杯子里，直到两边杯子里的水位一样高。因为有色素的加入，所以在实验过程中还可以观察到颜色的混合变化。

假如第一、三、五个杯子里分别是蓝色、黄色、红色，纸巾吸水后，第二、四个杯子里就会出现绿色、橙色的液体。最后五个杯子呈现出彩虹的颜色，非常漂亮。

我们陪孩子做实验，除了让他知道怎么操作、最后会得到什么结果，更重要的是鼓励他在实验前预测结果，然后通过观察和操作来验证自己的想法，思考其中的原因。只有开动脑筋，积极思考，孩子才能在实验过程中有更多的感悟和收获。

这个实验利用了"虹吸原理"。"虹吸原理"和大气压强以及液体间分子的内聚力有关。我们可以利用它方便地把水先吸到高处，然后再搬运到低处。生活中抽水马桶的设计、房屋顶部雨水的排放及古代劳动人民灌溉农田都运用了这个原理。

8.9.5 动手造一片云

相信孩子对云朵一定不陌生。天气好的时候带孩子外出，你肯定教过他"天上一朵朵白色的东西就是云"。有些家长还会给孩子讲解雨的形成过程："云是由小水滴构成的，当小水滴变多、变重的时候，就会掉下来变成雨。"

这些科普知识当然很棒，可以拓宽孩子的知识面，但有多少家长带孩子亲手做过一朵云呢？其实，这个实验做起来并不难。

需要准备的材料：带金属盖的玻璃罐、热水、冰块、火柴。

首先，把热水倒进透明的玻璃罐里，热水占罐体高度的 1/4～1/3。水太多的话，就没有地方容纳云了。水不需要煮沸，能产生蒸气就行。如果水太热，玻璃壁上会布满小水珠，就像下雨一样，这样我们就看不清楚里面的云了。

接着，点燃一根火柴，把它放进罐里，然后迅速盖上金属盖子，同时把冰块放在盖子上。大约等待两分钟就可以看到云了。

为什么要往罐里扔火柴呢？我们知道热水蒸发后会变成看不见的水蒸气，水蒸气遇到被冰块冷却过的金属盖子，又会凝结成小水滴。可是光有小水滴还不够，它们要聚集在灰尘颗粒周围才能抱成一团，变成一朵漂亮的云。往水里扔燃烧的火柴就是为了产生烟，以便于小水滴聚在一起。

如果你的实验没有成功，那可能是水不够热，产生的水蒸气不够多，或者火柴产生的烟不够多。多试几次，相信一定可以成功。实验的最后，我们可以打开盖子让云飘出来，亲手触碰一下，孩子一定会很兴奋、很难忘。

上面的五个科学小实验都既简单，又有趣，还蕴含着一定的科学知识，非常适合给孩子做科学启蒙，培养他的好奇心和求知欲。

8.10　有创造力的孩子才有竞争力

父母都希望自己的孩子能取得成功，可是怎样才能做到呢？

关于这一点，19世纪第一位亿万富翁——石油大王约翰·洛克菲勒说过一句名言："如果你要成功，你应该朝新的道路前进，不要跟随被踩烂了的成功之路。"言下之意就是说，不要挤破头去做大家都在做的事，与众不同的人才更容易成功。这就好比一条美食街上有10家店都在卖包子，只有两家在卖面条，那么，面条店的竞争优势当然就比包子店明显了。假如你能独辟蹊径，成为唯一一家卖汉堡的店，相信你的生意会更好。把这个道理运用到孩子的教育上，就是强调创造力的重要性。

在这个知识更新不断加速的时代，想要孩子取得成功，实现自己的价值，就一定要重视创造力的培养。不然孩子再优秀，也只是一颗随时可能被取代的"螺丝钉"。

8.10.1 你对创造力可能有个误会

尽管很多家长认同创造力的重要性，但在培养创造力上却有很多普遍存在的误解。

有的家长认为："创造力是天生的吧，我家孩子没那个天赋，培养了也没用。"还有的家长觉得："创造力这个东西这么玄乎，我们家长不懂，也没闲钱送孩子去机构，还不如踏踏实实地把学习搞好。"

其实，创造力是每个孩子与生俱来的能力，培养起来不难也不贵。假如我们能把辅导作业的用心劲儿拿出 1/10 来，用在培养孩子的创造力上，或者起码不要破坏、磨灭孩子的创造力，他的未来就会很不一样。

超常儿童研究领域的研究者、中科院的施建农教授做过不少儿童创造力方面的研究。他说："任何一个儿童都具有创造力。创造力的发展开始于婴幼儿时期。幼儿期和学龄期是培养和发展儿童创造力的重要时期。"

作为家长，我们应该抓住这段宝贵的时间，不要因为错误的教育方式过早毁掉孩子的创造力。

8.10.2 创造力不是标新立异，而是用新办法解决问题

和很多人以为的不同，创造力不是稀奇古怪、不切实际的想法，

而是一种综合的能力,是人类智力活动的一种表现。创造力由五个维度构成,我们结合具体的例子看一看孩子的创造力。

(1)新颖性

新颖性指一个想法或产品的独创性,或者说与众不同的程度。

比如,我们问孩子:"电灯可以用来做什么?"如果他回答"照明",就是一个比较普通的答案。但如果他说"可以用来种花",那就比较新颖了。

(2)流畅性

流畅性指想法的发散程度。

比如,问孩子:"如果给你一笔钱,你准备用来干什么?"A说出了两个答案——"买糖果、买玩具"。B说出了五个答案——"买糖、蛋糕、玩具,去游乐场玩,给妈妈买书",那B的流畅性就比A好。

(3)变通性

变通性也称为灵活性,简单来说,就是当一个方法行不通的时候,孩子是钻牛角尖还是转换思路想别的方法。新方法之间的差异越大,变通性就越强。

比如,面粉的用途中,"做蛋糕、做面包、做馒头"这三个答案都属于食物的范畴,变通性就比较差。但如果答案是"做蛋糕、洗水果",前一个利用了面粉的可食性,后一个利用了面粉的黏性,变通性就比较强。

(4)精细性

精细性指思维过程中能够进一步完善已有想法,使之变得周密、具体。

例如，"旅行时你会带什么东西？A 的回答是"钱和衣服"，B 的回答是"钱、衣服、饼干、火柴、药品"，B 的精细性就比 A 好。

（5）现实价值

真正的创造力不仅要与众不同，还要能够解决问题。

比如，我们问孩子："家里有老鼠怎么办？""用捕鼠夹、养一只猫、把老鼠洞堵起来"都是具有现实价值的答案，但如果孩子说"把房子拆掉"，那就有点不切实际了。

以上就是我们判断孩子的想法或行为是否有创造力的五个标准，其中，"新颖性"和"现实价值"是两个关键的指标。既有新意又能解决问题的点子，才是有创造力的好点子。

8.10.3 培养创造力的四个方法

下面我们来看看怎样在日常生活中提升孩子的创造力。这些方法并不难，只是有时候我们会不小心做了相反的事，妨碍了孩子创造力的发展，一定要注意避免。

（1）创造一个易感应的环境

所谓的"易感应"，指的是孩子身处其中能够轻易受到熏陶，激发出好奇心和探索欲。

环视一下孩子的四周，他每天面对的、可以轻易接触到的东西有哪些呢？是爸爸妈妈的手机、电视遥控器，还是积木、颜料、橡皮泥？很多家长花很多钱给孩子买玩具，却因为做错了两件事，限制了孩子创造力的发展。

第一是买了太多高级的玩具。玩具越高档,功能越繁多,孩子能够发挥创造力的余地就越小。

比如很多声、光、电的玩具,只需按动某个按钮,就会有声音、灯光或动作的特效。虽然看起来很炫酷,但孩子能做的也只有按按钮这一个动作而已。相比之下,橡皮泥、旧报纸、水、沙子这些简单的材料,孩子能操作的空间就很大,可以把自己的想法注入其中,完成一件独一无二的"作品"。

从培养创造力的角度来看,我们应该多给孩子准备一些简单的、初级的,可以进一步"加工"的材料和玩具,比如前面提到的水、沙子、积木、橡皮泥、画笔、颜料、纸箱、旧报纸、海绵、树叶等。

即使只是简单的拓印,用不同的蔬菜、水果来做,效果也会完全不同。孩子在这个过程中观察和体验到的东西都会进入他的"灵感宝库",成为日后发挥创意的原材料。

第二是把玩具收拾得太好,孩子根本拿不到。

你可能会说:"上面这些东西我们家都有啊,可是孩子不爱玩。"假如每次玩橡皮泥、画画,孩子都要请大人帮忙才能拿到工具,每次想玩水的时候都会被大人阻止,孩子玩的动力就会变小。

建议家长把这些创意工具整齐地摆放在孩子容易拿到的地方,让他想玩的时候马上就能玩,同时养成"玩好就归位"的习惯。玩的过程中多给孩子鼓励和启发,少一些限制和批评,为他打造一个适合发展创造力的环境。

（2）鼓励孩子完成一件事，并做好记录

很多人以为创造力就等于奇思妙想。然而，任何一个想法从萌发到落地，都要经过漫长的过程。这也是为什么创造力的五个维度中会出现"变通性"和"精细性"。

如果孩子想出一个点子后能不断地完善它，发现行不通时努力想出第二个、第三个点子，他的创造力就不会只停留在"新颖性"这个层面上了。因此，我们要鼓励孩子坚持完成一件事，培养他的责任心。

比如，他想用积木搭建一座城堡，中途累了想放弃，我们可以建议他休息一会儿再继续完成，也可以对他说"等你搭好了，我们用这座城堡玩国王的游戏吧，妈妈很期待"，通过设定目标的方法激励他坚持下去。

等孩子完成后，用拍照或者写字、画画的方式把这件事记录下来。这很有仪式感，有助于我们了解孩子的成长、进步过程，当他下一次想要放弃时，也可以借这些事鼓励他坚持下去。

（3）培养孩子，不要怕"浪费时间"

很多家长培养孩子的时候功利性会比较强，特别怕孩子浪费时间去做一些没有"结果"的事。在他们眼里，认字、背诗、做题才是正事，玩水、玩沙子、追逐打闹都是浪费时间。就算要培养画画、弹钢琴这样的兴趣，也必须有个像样的结果才行。

然而，越是高级的能力，越需要时间去慢慢培养。孩子不是机器，不是上过几节课，给他一支画笔，他就能按照程序立刻画出一幅创意满满的作品来。培养创造力更像是酿酒，孩子要花时间去观察、体验、放空和沉淀，才能在某个时刻把曾经输入大脑的东西用与众不同的形式表达出来。

即便是从脑科学的角度来说，孩子也需要休息、放空，大脑才能更有效率地运作。所以，不要把孩子的时间都填满，给他留点自由支配的时间，让他不带功利地做自己喜欢的事，在放松、投入的状态下，创意才能被酝酿出来。

（4）允许孩子自由地表达

这里有两层意思。

第一，孩子在表达自己的观点时，不要随意否定，而是要表现出感兴趣的样子，鼓励他大胆地说。如果孩子在说第一个想法时就被否定了，那第二个、第三个想法就没有形成的机会了。

第二，孩子用游戏、作品表达自己时，我们要把关注点放在他想法的独特性上，而不是用大人的标准评判作品的好坏或是否合理。

记得有一次，小样从幼儿园带回一幅他画的画。一开始我没看懂，就请他自己说说画的是什么。小样告诉我他画的是西瓜，左边是整个的西瓜，右边是切好的西瓜，这样大家就可以直接拿来吃了。

听完小样的解释，我才恍然大悟，原来绿色代表西瓜皮，红色代表西瓜瓤，黑色代表西瓜籽。在成年人的观念里，完整的西瓜只能看到瓜皮，看不到里面，小样却用儿童的视角把西瓜皮、西瓜瓤和西瓜籽同时呈现在一个画面里，所以看起来才会那么杂乱，各种颜色混到了一起。

虽然在一般人眼里，小样的画既不整洁，也不写实，实在算不上是一幅好作品。但我知道通过画面传达出来的想法才是最宝贵、最有灵魂的。所以，我很真诚地告诉小样："妈妈很喜欢你的画，既有整个的西瓜，又有切开后就可以马上吃的西瓜，特别有意思。别人都想不到呢！你是怎么想到这么好的主意的？"小样听完特别开心，露出了自信、满足的表情。

在我的悉心保护下，小样特别有自己的想法，总能把生活中遇到的、观察到的东西融入他的积木、绘画、橡皮泥作品及游戏中去。

只要细心观察，做孩子最捧场的观众，你就能发现他有很多富有创意的好点子。帮助孩子成为一个与众不同的人吧。

8.11　社交智力，经常被家长忽视的能力

"孩子在幼儿园欺负小朋友，或者被欺负，怎么办？"

"孩子很聪明，只是不太会和小朋友一起玩。"

"怎样才能培养出社交能力强、大家都喜欢的孩子？"

上面这三个问题都和社交智力有关。不少家长认为孩子智商高、成绩好就行了，会不会交朋友不重要。关于这一点，波士顿学院的玛莎·布朗森教授说："很多实验研究发现，在学校，与同学之间的互动技巧高、容易被同伴接受的人，其课业学习和日后人生的成就会比较高。"

即使是幼儿园的小朋友，能否交到新朋友，有没有人缘，也能够预测他们在课堂中的积极程度，以及能否独立完成老师布置的功课。

换句话说，社交智力高的孩子，很大程度上也是那些学习优秀的

孩子。尤其是到了中小学阶段，即使孩子本身比较聪明，但如果和同学、老师处不好关系，他的学习成绩也会受到负面的影响。

科学家从进化的角度证明了社交智力的重要性。我们都知道人比大猩猩聪明多了，和 500 万年前的人类祖先相比，现代人的头骨颅容量增加了 1 倍，也就是说，我们的大脑比祖先大了 1 倍，也比他们聪明许多。

变强大的大脑有什么用呢？英国心理学家尼克·汉弗莱提出了一种解释："大脑是用来解决社会问题，而不是物质问题的。"模拟和猜测别人在想什么，然后决定自己的行为，这可比做数学题、物理题难多了。

这一切都提示我们，一定要重视孩子社交能力的培养，否则他很难融入社会，很难发挥自己的才智去获取成功和幸福。

8.11.1 孩子的社交智力是如何发展的？

从出生开始，孩子社交智力的发展要经过三个阶段。只有搞清楚这一点，我们才知道在每个阶段该做什么、不该做什么。

（1）认识别人的身体

第一个阶段，孩子要认识别人的身体，学会区分人和物、你和我。

宝宝从出生起就很喜欢看人脸。相比其他玩具，爸爸妈妈的脸会更有吸引力。不仅如此，宝宝还会主动地和人交流，想要和照顾他的人建立起关系。

研究人员发现，出生 2 天的宝宝就已经能模仿别人的表情了。如果你的宝宝介于 0 ~ 2 个月，可以试试这个有趣的实验：看着宝宝，慢慢伸出你的舌头,这个动作做10次,宝宝八成也会调皮地对你吐舌头。这么小就能把看到的画面转换成动作程序,真是太聪明了。

宝宝之所以那么小就会盯着妈妈看,模仿妈妈的动作,就是想要和妈妈交流,产生联结。因此,这个阶段的养育重点就是多陪伴宝宝,和他说话,模仿他的动作,及时回应他的需求。千万不要把他扔在一边,任由他哭泣。

(2)认识别人的情绪

第二个阶段,孩子要认识别人的情绪。

孩子对情绪的觉察和感受能力从很小的时候就开始发展了。比如,婴儿看到其他婴儿哭,也会跟着一起哭;2岁的孩子看到小伙伴难过,会想办法安慰对方。

很多妈妈可能有过这样的经历,在孩子面前装哭,结果他会暖心地过来抱抱你,替你擦眼泪。虽然这种共情能力是孩子与生俱来的,但随着年龄的增长,孩子能否延续和发展这种能力,就要看家长如何引导了。

研究人员做过这样一个经典实验。把10件奖品摆在桌上,让4岁的孩子按照自己的喜好程度给奖品排序,并且答应孩子把他最喜欢的那件奖品送给他。等孩子排完顺序后,研究人员告诉他,自己弄错了,礼物是排在最后一位的奖品——一双旧袜子。这对4岁的孩子来说是个不小的打击。

然而生活就是这样,不会只有好事发生。孩子必须学会面对失望,快速调整自己的情绪,这离不开家长的引导和支持。实验的目的正是测试面对失望和不公时，家长的做法对孩子的影响。

实验中，研究人员测试了家长的四种反应对孩子情绪和行为的影响。你可以想一想假如你在场，面对刚才的情境，你会对孩子说些什么。

反应一：把孩子的注意力从差劲的奖品转移到精美的包装纸上。

反应二：抱着孩子，温柔地安抚他。

反应三：重新界定现状，提示孩子可以把袜子做成玩偶或者当成礼物送给需要的人。

反应四：鼓励孩子扭转形势，和研究人员据理力争，说他们弄错了，应该把排在第一位的奖品送给自己。

你猜家长的这四种反应，哪一种更利于孩子的成长？

研究发现，反应一和反应三，也就是"转移注意力"和"重新界定现状"能够降低孩子的悲伤和愤怒指数，帮助他看到积极的一面，变得更乐观。

反应四"据理力争"似乎很合理，但对孩子的影响就没么积极了。当父母做出这种反应时，孩子的脾气会更暴躁，也更容易悲伤，因为父母没有教给他们任何调节情绪的方法，一味地表达不满只会让人更愤怒、更受挫。

其实失望、难过并不全是坏事，这些自然发生的挫折恰恰是教孩子学习情绪管理、培养社交智力的好机会。我们要看到孩子的情绪，把它朝积极的方面引导，而不是一味地指责、抱怨，回避这样的事件。

（3）认识别人的意图

社交智力发展的第三个阶段更加复杂，孩子除了要认识别人的身体和情绪，还要了解别人的意图，猜测对方在想什么。其实，很多成年人在这方面做得不太好，但我们却常常高估孩子，最常见的就是责怪他不愿意分享、故意撒谎。

心理学家认为孩子能够了解"他人的想法可能与自己不同"是一件很了不起的事。在心理学上，这种感知和理解他人情绪、想法、意图的能力被称为"心智理论"。一项经典实验告诉我们，孩子基本上要到4岁左右才能拥有这种能力。

这个实验很有趣，你在家也可以给孩子测试一下。准备一个盒子，当着孩子和爸爸的面放入一辆小汽车，问孩子："盒子里有什么？他一定会回答"小汽车"。

接着请爸爸离开，在孩子面前把小汽车拿走，放进一个苹果。这时问孩子："现在盒子里有什么？"他会回答"苹果"。

然后关键的问题来了，把盒子盖上，再问孩子："一会儿爸爸回来，他会说盒子里有什么？"大多数3岁的孩子会说，爸爸觉得盒子里是苹果，因为他们以为爸爸的想法和自己的一样。

4岁多的孩子则会说，爸爸觉得里面是小汽车。因为他知道爸爸没有看到把汽车换成苹果的过程，这个秘密只有他知道。

这个实验让我们明白，4岁前，孩子很难理解别人有不同的感受和想法。所以分享是一件困难的事，他没办法站在对方的角度考虑问题。说谎也是很难完成的事，因为孩子没办法推测自己说谎后妈妈的感受和想法。

了解了这些真相,你在教育孩子的时候是不是会更包容、更有耐心呢?

8.11.2 这样引导,提升孩子的社交智力

下面给大家分享四个具体的方法,帮助孩子提升社交智力。

(1)建立稳定的依恋关系

在第一阶段,我提到过陪伴孩子并及时回应他的需求是特别重要的。这样一来,就能帮助孩子建立安全感和稳定的依恋关系,让他愿意信任这个世界,顺利地与他人交往,从而更专注地探索和学习。

依恋关系的建立并不只限定在孩子和妈妈之间,孩子和爸爸、长辈、老师也都可以建立这样的关系。

另外,依恋关系是可以改变的。如果在孩子的生命早期,你因为各种原因没有和他建立好依恋关系,也可以通过之后的陪伴和关爱加以弥补。当然,要付出的努力也会更多。

(2)经常和孩子讨论感觉

社交智力可以通过练习得到提高,练习的关键就是聚焦感觉。

很多父母不习惯和孩子谈感觉,会说"你不应该打人",却很少说"你生气了,对吗?你打人让我很难过"。父母从来不和孩子谈感受,他就很难觉察、控制自己的情绪,更别说为他人着想了。

怎样和孩子谈感受呢?可以在发生了某件事,孩子觉得难过、生气、害怕时,告诉他当下的感觉是什么。例如,可以在看绘本的时候问孩子:"你觉得他有什么感觉?如果你是他,你会怎么想?你希望

别人怎么对你？"

我们还可以向孩子解释感觉都是有原因的。比如，"你打破了我的杯子（原因），所以我很难过（结果）。"研究发现，这种解释对孩子有很大的益处，不仅能让他更好地理解和控制情绪，还能让他在起冲突时懂得为自己解释。

（3）给孩子创造社交机会

这点看起来容易，却需要家长付出实实在在的努力。

我们很容易在孩子小的时候因为怕麻烦，就经常让他待在家里。孩子上学后又怕他被同学带坏、影响学习，而限制他和同学的交往。这样，孩子就没有机会接触不同的人，经历不同的事，学习理解他人、表达自己、化解冲突了。

我们要给孩子创造社交机会，带他去朋友、亲戚家玩，或者把他的小伙伴邀请到家里，让他有机会接触其他人，而不是整天围着我们转。

（4）教孩子一些社交技巧

儿童之间的活动大多以游戏为主。想让孩子和其他小朋友愉快地相处，掌握一定的游戏技巧也是很重要的。给大家分享四点策略，可以在陪孩子玩的时候教他使用。

① 请求策略

孩子想加入别人的游戏中时，可以直接向对方提出请求："我能玩这个吗？我可以和你一起玩吗？"

② 评论策略

比如爸爸在搭积木，妈妈想要一起玩，她可以先在旁边看一会儿，然后对爸爸的作品评价一番,用这种方式和爸爸搭上话。

"你在搭什么呀?搭得好高呀,我来帮你一起搭吧。"如果爸爸说"好呀",妈妈就顺利加入进来了。

③ 建议策略

这个方法和前面一样,要先在一旁观察,看看小朋友玩游戏的时候有没有遇到问题,然后用提建议的方式加入游戏。

比如其他小朋友在玩过家家游戏,游戏里有爸爸、妈妈和宝宝,这时孩子可以提议:"你们还缺一个哥哥,我来当哥哥,帮忙照顾宝宝吧。"

④ 提供玩具

第四个策略是用提供玩具的方式请求加入游戏。

比如小朋友在玩做饭的游戏,孩子可以拿一个对方需要的玩具递给他,说:"你在煮饭吗?我这里有碗和勺子,给你吧。"用这种办法提供帮助,孩子也可以顺利地加入游戏。

这一节跟大家分享了孩子发展社交智力的三个阶段和四个方法,家长一定要有意识地培养孩子这方面的能力。一个懂得理解他人、管理情绪、灵活应对冲突的孩子,其成长之路一定会走得很顺。

8.12 用科学的方法培养孩子的自控力

你的孩子是否容易发脾气,常常管不住自己,缺少耐心,没办法长时间等待?这在心理学上被称为"缺乏自控力"。所谓自控力,就是指一个人在面对诱惑和冲动时调控自己欲望、情绪和行为的能力。这种能力对孩子的发展至关重要。

研究发现，自控力强的孩子在家更愿意听从父母的话，在学校更能和同伴友好相处，更善于集中精神，抵抗干扰，在学业上的表现也更优异。自控力弱的孩子则恰恰相反，想要什么立刻就要得到，容易和同伴发生冲突，在学校不能遵守纪律，学习时爱开小差，很容易成为老师眼中"爱惹麻烦"的孩子。

关于自控力还有一项著名的实验——棉花糖实验。20世纪60年代，斯坦福大学的研究人员找来一群4岁的孩子，给他们每人一块棉花糖，并告诉孩子"如果现在不吃掉这块棉花糖，15分钟后等我回来，会再给你一块棉花糖"。研究人员离开房间后，有些孩子马上就吃掉了棉花糖，有些孩子却通过各种方式转移自己的注意力，忍住没有吃糖。

通过十几年的追踪研究，心理学家发现实验中那些忍住没吃棉花糖的孩子长大后有更强的竞争力和自信心，能更好地面对挫折，不管是在人际关系还是学业成就上都比吃掉棉花糖的孩子更成功。

受棉花糖实验的启发，很多家长故意让孩子等待，想要训练他们延迟满足的能力，期望他们长大后能获得更成功的人生。然而事与愿违，这些孩子非但没有变得自律，反而越来越容易发脾气，对玩具、零食等物质的欲望也越来越强烈。

为什么会出现这样的情况呢？原来这些家长误解了"延迟满足"的含义，用错误的方法给孩子造成了严重的匮乏感，反而降低了他们的自控力。这一节我们就来聊聊如何科学地培养孩子的自控力，给孩子一个更有希望的人生。

8.12.1　盲目让孩子等待，可能会毁了他的自控力

"延迟满足"的能力本质上是一种自控力。虽然孩子知道等待就能多吃一颗糖，但真的控制住自己还是很难的。

从脑科学的层面来讲，自控力的强弱和大脑前额皮质的功能密切相关，它能帮助我们控制注意力、情绪和行为，让我们延迟享乐，去做更困难但收益更大的事。

前额皮质是大脑最聪明、最理智的地方，也是最晚发育成熟的地方，要到25岁时才能发育完全。所以，6岁前的孩子都很容易冲动，做事没有计划，很难等待，自控力远不如成年人。

除此以外，自控力还有一个特点，就是很容易被消耗。它就像肌肉一样，既能通过训练增强，又会在过度使用后很快疲劳，消耗殆尽。

生活中，有很多我们以为不需要动用自控力的事情，比如回家后把鞋放进鞋柜里，吃饭时不挑食，玩得正开心时停下来写作业，故意让孩子等待，不马上给他买玩具，这些事都在快速消耗孩子的自控力。消耗得越多，孩子就越难控制自己，不利于自控力的培养。当孩子真正需要集中精神写作业，克制玩游戏的冲动时，他就没有自控力可用了。这会造成孩子写作业不专心、粗心大意，甚至是厌学的情况。

8.12.2　提高自控力，从满足合理需求开始

想要提高孩子的自控力，首先要正视孩子的合理需求。孩子想要买零食、买玩具时，有些家长会故意不满足孩子，怕养成他贪心的习惯，

或者想让他练习等待。其实这种做法恰恰会引发"禁果效应"。

所谓"禁果效应",通俗点说就是"越得不到,越想要"。越是禁止,人们越容易产生逆反心理和好奇心,越发向往被禁止的东西。

孩子买玩具也是同样的道理。家长越是不肯买,玩具的吸引力就越大。长此以往,孩子不仅会对玩具产生强烈的渴望,还会造成内心的匮乏感,这种匮乏感是多少玩具都填补不了的。

其实孩子想要玩具和零食,本身没什么错,是完全正常的需求。在经济条件允许的情况下满足他的要求,孩子内心富足了,就不会过度地索取。

这并不是说家长要对孩子有求必应。我们可以和孩子提前约定,把买玩具、吃零食的频率、预算都定下来。只要规则是明确的、固定的,孩子就能在有限的范围内获得满足。

8.12.3 给孩子选择权,让他学会自我管理

培养自控力的第二点是学会放手,让孩子有机会管理自己。如果我们总是不信任孩子,什么事都由我们决定,孩子就一直活在"他控"中,没有机会练习"自控"了。

关于这一点,很多家长会有疑虑。就拿吃糖来说吧,如果我们管着,孩子可能只吃一块,要是我们不管,他恐怕会把一盒糖都吃完。假如我们完全放任孩子,什么都不做,确实可能出现这种情况。但只要做好两点,孩子就能展现出让我们惊讶的自控力来。

第一点,用孩子能理解的方式给他讲清楚一件事的利弊。具体可以参考"6.5 给孩子讲道理,从提升认知力开始"的内容。

吃糖的好处，孩子肯定清楚，糖的味道很甜，吃了会很开心。可是吃糖的坏处，很多家长并没有传达到位。我们可能会说"吃糖会长蛀牙"，可是"蛀牙"这个词对孩子来说太抽象了，他没办法由此感知到蛀牙对自己的危害。

我们不妨借助绘本故事、纪录片给孩子解释蛀牙的过程。"宝贝，糖很好吃吧，细菌也和你一样，很喜欢吃糖。如果我们经常吃糖，糖就会粘在牙齿上。细菌会在牙齿上打洞，然后把糖都藏进洞里。这样牙齿就会很疼，而且因为细菌和糖都躲起来了，牙刷警察也没办法抓走它们。"通过形象的图片、生动的比喻，再配合我们的表演，孩子就能明白吃糖到底有什么危害了。

除此以外，吃糖还会降低身体的免疫力，让小朋友容易生病。请孩子回忆一下上一次生病时的感受，不仅不舒服，还要吃很苦的药。这些切身经历都能帮助孩子理解为什么不能多吃糖。

在讲清楚吃糖的利弊后，我们还要做一件事，就是把决定权交给孩子。

假如我们解释完利弊，马上对孩子说，"吃糖有那么多坏处，所以你不能吃糖"，就是因为我们代替孩子做了决定，他就会认为我们只是在说服他，不想让他吃糖。只要有控制，就会有反抗。结果就是越不让他吃，他越想吃糖。

如果我们换一种做法，告诉孩子："妈妈的建议是可以吃糖，但要少吃一点。不过到底吃不吃，还是你自己来决定。你是愿意多吃点糖，蛀牙了就勇敢地去看牙医，还是愿意少吃一点，让牙齿更健康呢？"

当我们把决定权及需要承担的责任都交还给孩子后，孩子少了反抗大人的心理，反而会变得谨慎，倾向于做出对自己真正好的决定。

在我们家，我从来不限制小样吃糖或者冰淇淋（当然，家里不会囤积这些零食来增加对孩子的诱惑）。我会事先把利弊说清楚，还会提一点建议，比如，吃完糖漱漱口，吃冰淇淋的时候小口小口地慢慢吃，以防肚子疼。

每次小样吃到一半就会对我说："妈妈，我不要吃了。"非常有节制。这不仅让我很省心，不用为这些小事和孩子争执，小样也得到了管理自己、学会对自己负责的机会。

如果你平时对孩子管得比较严，一开始放手的时候孩子需要一段时间适应，可能不会太节制。但过一段时间后，孩子发现你是真的相信他，把做决定的机会交给他，孩子就会珍惜你的信任，慢慢展现出自控、负责的那一面。

8.12.4 让孩子更自律的小技巧

最后和大家分享三个能提高孩子自控力的小技巧。

（1）不要考验孩子

我们已经知道自控力像肌肉一样容易疲劳，所以不要试图去考验孩子。事实上，我们大人也是经不起考验的。所以不想让孩子吃糖，就尽量不要让他看到糖，家里不要囤积糖果，也不要在孩子面前吃糖。同样地，想要孩子专心学习，就不要开着电视机打扰他，或者在手机上刷小视频、玩游戏。安安静静地做家务，或者拿本书看看，给孩子营造一个良好的学习环境。

（2）把自控力用在刀刃上

简单来说，就是在自控力强的时候，做一些重要并且困难的事。就像前面提到的，想要孩子专注、高效地学习，就不要在写作业前对他提诸多要求。

另外，当孩子把自控力都用在学习上后，其他方面的控制能力必然会降低。可能衣服、鞋子会乱扔，看起电视来会没有节制。我们要理解这一点，对孩子多一些包容。

（3）陪孩子做放松练习

研究发现，压力很大，或者情绪低落时，我们的自控力会更差。所以，夫妻大吵一架后，丈夫可能会马上抽根烟，妻子则会吃零食，或者上网买买买。

孩子也是一样的，他们承受着学业的压力、人际交往的压力及父母要求自己听话的压力，这些压力都会成为他控制注意力、情绪和行为的绊脚石。

为了排解这些压力，我们要经常陪孩子做一些放松的练习，比如运动、冥想、听音乐、培养爱好等。

在这里，我要特别推荐冥想这项练习。斯坦福大学教授凯利·麦格尼格尔曾在他的著作《自控力》一书中提到："神经学家发现，如果你经常让大脑冥想，它不仅会变得擅长冥想，还会提升你的自控力，提升你集中注意力、管理压力、克制冲动和认识自我的能力。"

而且冥想练习没有我们想得那么复杂。每天花5分钟的时间静坐，注意自己的呼吸。吸气时默念"吸",呼气时默念"呼"。发现自己走神了也没关系,把注意力重新集中到呼吸上就好。做的过程中感受空气吸入和呼出的感觉,以及胸腹部的收缩,每天冥想 5 分钟,习惯后延长到每天 10 ~ 15 分钟。

研究发现,经过 3 小时的冥想练习,注意力和自控力会出现大幅的提升。坚持 8 周的日常冥想训练后,大脑灰质就会增多,是不是很神奇呢?

冥想不仅适合成年人练习,也适合孩子练习。对于年龄较小的孩子,可以先从静坐开始。和他面对面地坐着,闭上眼睛,保持安静 30 秒。

有一位妈妈分享说,自己的孩子被诊断出患有较严重的"多动症"。原本做作业是一件让他们很头疼的事,可是后来有一次妈妈练习瑜伽,孩子因为好奇就跟着一起做,结果喜欢上了练习腹式呼吸的放松姿势。

之后,孩子每天都花 10 分钟的时间和妈妈一起安静地坐着,把注意力放在呼吸上。一段时间后,多动的症状居然大大减轻了。不仅如此,每当孩子感到烦躁、没办法专注的时候,他都会主动地静坐一会儿,说这样能让他放松,感觉很舒服。

这个案例让我们看到了冥想的神奇效果。最棒的一点是只要坚持做,就能收到很好的效果,哪怕只练 5 分钟也比不做强。建议你把冥想变成全家的活动,每天花 15 分钟的时间和孩子一起改造大脑,提升自控力,找回平静的力量。